古典家具
收藏知识百科

Gu Dian Jia Ju

shoucangzhishibaike

◉ 胡德生 宋永吉 主编

中国文化艺术出版社

【前言】
FOREWORD

中华文化博大精深，在其悠久的发展长河中，产生了众多令人瞩目的文明成果，古典家具就是其中一颗璀璨的明珠。中国古典家具凭借自身所具有的实用性、艺术性及其散发出的中国传统文化的魅力，赢得了全世界人的喜爱，尤其是作为中国古典家具中巅峰之作的明清家具更成为近几年来海内外收藏家的追捧对象。

然而，中国古典家具在成为继书画、陶瓷之后的第三大收藏品后，也出现了一些令人痛心的现象：一是大量珍品家具外流，二是收藏市场上出现了大量以新充旧、以劣充好的赝品。这些现象的出现，使得广大收藏爱好者在欣赏中国古典家具时不得不带着一种质疑和谨慎的心态。如何才能面对风云莫测的收藏市场，辨真去伪应该从哪些方面入手，保养和收藏古典家具时需要从哪些方面入手……无不成为收藏者最为关心的问题。《古典家具鉴定》着重于教大家通过辨材质、知造型、明纹饰、审工艺、分种类、品艺术等几个方面的知识的掌握，去确定古典家具的收藏价值。

书中以中国古典家具的发展、种类、风格、结构和装饰风格为主，以古典家具的鉴别方法、收藏投资技巧等为辅进行交叉叙述，让读者清楚地了解古典家具在不同时期所具有的风格特点，并迅速找到相应的鉴定方法，以确定收藏的策略。为了让读者更直观地了解目前的家具投资市场，书中还设置了一些相关投资的专栏及近十年来中国古典家具在海内外拍卖市场上的表现。多样化的知识花絮、专题，不仅增强了书的趣味性、知识性和实用性，更开阔了读者的视野。完美的图文结合，深入浅出的文字解说，全方位、多角度地诠释出了古典家具的文化价值、艺术价值、收藏价值和经济价值。

有知才有辨，有辨才有鉴，有鉴方可收藏珍品。相信本书对广大收藏爱好者来说，是鉴藏古典家具的最佳选择。

在本书写作过程中得到众多同仁帮助，在此谨表示谢忱！

胡德生

Contents

目录

Chapter.04

古典家具的纹饰 199

Chapter.05

古典家具的材质 231

古典家具的 种类

Classical Furniture

　　中国家具的历史源远流长，在长期的发展中演化出众多造型各异、异彩纷呈的家具种类。在远古时代，坐卧用具是席，这是最原始的家具，为后世床榻之始。商周时期出现了几、俎、禁和簋等礼器，虽是青铜器具，但它们却是后来木家具的始祖：俎、几是桌案之始，禁是箱柜之始。春秋战国时期出现了木工的祖师鲁班，虽然其人其事带有很多传奇色彩，但仍反映了这一时期木构家具的发展，此时的低矮几案和床被广泛使用，一直延续到魏晋时期。春秋时期主要的家具种类有案、俎、几、床、箱、禁、屏、柜、席、椅、墩、凳和胡床等。到了秦汉时期，出现了屏风，家具的榫卯结构也有了较大的发展。魏晋南北朝时期汉族与少数民族的融合，使中国古代家具有了超脱原有礼法约束的形式，低矮家具逐步发展为高型家具。隋唐时期为承前启后的阶段，出现了许多新的家具种类，如扶手椅、衣架、香几等。

　　两宋时期家具形制有了质的飞跃，低矮家具渐渐退出了历史的舞台。宋辽金时期家具种类主要为椅、桌、床、榻、凳、墩、柜、屏风、箱和橱架等。随着经济的发展、文化艺术的发达，到了明代，各地家具业十分兴旺，东南亚大批珍贵硬木被引入中国，宫室、园林及民居的大量兴建，推动家具发展达到了前所未有的高峰，使得明清家具成为中国古典家具的代表。明清时期成为古典家具的黄金时代，家具种类已臻完备，制造技艺炉火纯青。清末民国时期外国文化与中国传统文化日益相互融合，出现了许多式样新颖的洋式家具，改变了中国家具风格原本的走向。

❖ **清中期·紫檀荷花纹床**
◎尺　　寸　长224厘米

※鉴赏要点　三屏风式床围透雕荷花莲蓬纹，繁缛纤细，雕工细腻，内翻马蹄，纹饰伴底。此床用材粗硕，而且用材优良，纹饰雕刻精细，构图严谨。

❖ **民国·红木美人塌（明式）**
◎尺　　寸　长181厘米

◎成　交　价　RMB 25300

※鉴赏要点　此器造型特点较多地借鉴了西洋风格，后背攒框镶心，板心落堂踩鼓。一侧稍高并向另一侧递减，板心内开出花叶式透孔，内镶大理石板。榻面一侧安圆形席套卧枕，两端透雕灵芝纹支架席心榻面。榻身取四面平式，面下绳纹拱璧形帐子，两端拐子纹牙头，中间点缀瓶式小立柱及小抽屉。卷云纹内翻足。其形态反映了民国时期上海家具的历史特点。

古代的卧类家具主要有床和榻，而最早的卧类家具应该是席。早期的"床"包括两个含义：既是坐具，又是卧具。床与榻在席地而坐的时代是有分工的：床的体积较大，可用为坐具，也可用为卧具；榻的体积较小，只用为坐具。

✿ 床榻

西汉后期，又出现了"榻"这个名称，专指坐具。榻是床的一种，除了比一般的卧具矮小外，别无大的差别，所以习惯上总是床榻并称。汉代还有一种叫"胡床"的坐具，是当时唯一的一种高足坐具。唐宋时期，胡床已很盛行，不过自宋代开始改叫交椅或太师椅了。魏晋时期的床榻，形式无多大变化，只是较以前应用更普遍，成为很普通的坐具了。东晋到南北朝时期，逐渐打破传统习惯，开始出现高足坐卧具。六朝至五代时期的床榻，形体都较宽大。五代以前的榻大都无围，只有供睡觉的床才多带围子。五代顾闳中《韩熙载夜宴图》中的两件床榻，其中一床五人同坐仍绰绰有余，形体之大可以想见。两件床的形体大致一样，左右和后面都装有较高的围板，正面两侧各安一独板扶手，中间留门以容上下。画面上，在床榻旁还绘有寝室的卧床。两宋时期的床榻大多无围子，所以又有"四面床"的称呼，使用这种无围栏的床榻，一般是须使用凭几或隐囊（软性靠垫）作为辅助家具。辽、金、元时期，三面或四面围栏床榻开始出现；明代这种床榻已盛行，装饰手法达到了很高的工艺水平。清末至民国时期，受欧式家具的影响，更多的洋式建筑结构运用到卧类家具上。

✿ 元刻《事林广记》插图（摹本）中元代木床

✿ 解放营子出土的辽代木床（摹本）

✿ 河南信阳长台关山出土的战国彩漆木床（摹本）

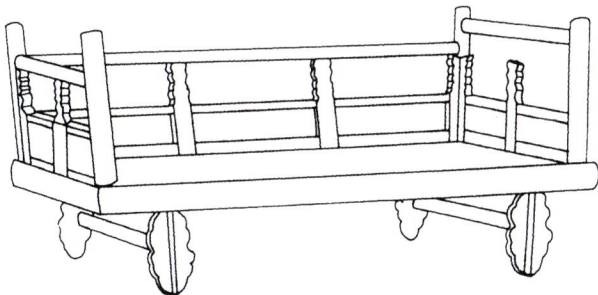

✿ 山西大同出土的金代木床（摹本）

✿ 木床

迄今为止，所发现最早的木床是在战国晚期，这也是中国最早的卧具。早期的木床一般分床身、床栏、床足三部分，周围有栏杆，栏杆为方格形，两边栏杆留有上下床的地方。床身一般是用方材做成的长方框，上面铺有床屉，床上有枕头。床框一般涂漆，床框和底足上多带有修饰花纹。

早期的木床有多种功能，床板比较低，既是卧具又是坐具；清代的木床用料粗壮，形体宏伟，工艺复杂，技艺精湛。而当时富裕人家的木床更加精美，多用名贵的紫檀木做成。民国时期则以红木制作为多。

✿ 木榻

木榻是古代的一种坐具，其面板呈长方形。木榻与木床有相似之处，但又不同，古时的榻比床小，且无围栏。一般认为，床的主要功能是作为卧具，榻则是作为坐具或坐卧具。

汉代的木榻已经相当发达了，样式不一，身份高的有独坐榻，身份稍低的也有连坐榻。引人注目的是，汉代木榻上多刻有铭文，这是一大特色。三国两晋时期，木榻承汉制，只是形式更加多样化，上面的装饰增多，足间花牙和壶门的装饰不断出现在木榻之上。木榻一般放在床前，可

供上下床和放置鞋子之用，也有放在客厅的。这个时期出现了箱形结构的榻，其中大型木榻可坐多人，在榻上可以侧坐斜倚、品茶饮宴。唐代的木榻逐渐变高，但榻上放物品的习惯仍然保留了下来。明清时期木榻一般较窄，较多保留了五代和宋元时期榻的特征，可做卧具，也可作为坐具。有些榻只有靠背而无围栏，有些床榻甚至无靠背。有靠背而一侧有枕的，又称为"美人榻"。清末民国时样式翻新，且出现沙发式的美人榻。

❀ 清末民初·红木单枕车脚香妃榻
◎尺　寸　168厘米×72厘米×68厘米

※鉴赏要点　一件典型的中西合璧的家具，镂雕花饰显得非常高贵和典雅。

❀ 民国·花梨木嵌瓷板榻
◎尺　寸　长178厘米

※鉴赏要点　此榻上嵌五块粉彩山水民国瓷板，榻为三峰式。下配花卉条牙，属典型的民国做工，极具收藏价值及升值空间。

❀ 清末·红木嵌理石美人榻
◎尺　寸　长170厘米

◎成　交　价　RMB 25000

※鉴赏要点　背板上嵌大理石，高束腰，膨牙鼓腿，刀法娴熟。

❀ 凉榻

　　凉榻是古代的一种坐卧类家具，属于榻的一种。榻大多无围，所以又有"四面床"的称呼，它在早期专指坐具，但在后来的生活中常被古人用作一种搬运方便、可提供临时休息的家具而大量使用，后来也作为卧具使用。凉榻作为榻的一种，具备榻的一些特点，其面板呈长方形，一般比较矮，与床有很多相似之处，但比床要狭窄一些，大都是用木料制成。凉榻

❀ 清·红木带枕头凉床
◎尺　　寸　180厘米×59厘米×66厘米

※鉴赏要点　凉床三面有围子。长边为栏杆式，以短柱界出四格，镂空花卉、果实作为卡子花。两端安装云头为座的枕头。床面攒框镶板。面下短料攒接拐子枨。方腿直下，内翻回纹足。

❀ 明·榆木子母屉榻
◎尺　　寸　200厘米×102厘米×78厘米

◎成 交 价　RMB 31000

※鉴赏要点　榻面呈长方形，其中为可拆卸的子屉，镶席心。边沿与腿牙齐平。腿以抱肩榫通过曲齿边的牙板与榻面结合。腿子内翻卷珠足，接承珠，下有矩形托泥。

出现的要晚一些，主要大量流行于明清时代。凉榻在各个历史时期的样式和风格各有不同，但它们都具有方便、实用的特点，同时在样式和风格上也不断推新，更加实用。

🌼 围子床

　　围子床是古代床的一种样式，一般都是用木料制成的，与一般的床相比，显得更加高贵一些。床上有栏杆、围板、床身、床栏柱，床下面有底座。各个历史时期的围子床在风格和样式上都有所不同。宋代时期出现了一些新的样式，如箱形结构床榻、四足平板榻，带屏床榻基本上保留了汉唐时期的遗风。辽代的围子床形体比较大，床上有栏杆、围板，四角有床栏柱，底座正面的床沿上装饰有各种图案，内涂朱红。金代的围子床也有围栏，但以下部四个轮形床足作为底座，前后两轮有横枨连接，好似车轮，整个床像一个流动的卧具。元代的围子床体积很大，三面有围栏，后栏杆高，两侧栏杆低。座面以下有单枨，床面与四腿接角处均用牙头装饰，床前设脚踏凳。明清时期，围子床不仅在实用与美观上有所改观，而且逐渐在外观和雕琢以及用材上也更为高档。

折叠床

早期的折叠床大体与早期的木床有许多相似之处，但它是一种铰接十分精致的床。最早的折叠床是战国晚期出现的，它的结构大体上由床身、床栏和床屉三部分构成。每半边床身分别由床档、床枋、档枋连绞木等组成。这样的床可以折叠，折叠后床架的长和宽都会变小很多。折叠床在用料上一般都采用较坚硬的木材。

架子床

架子床因床上有顶架而得名，一般四角安立柱，床面两侧和后面装有围栏。上端四面装横楣板，顶上有盖，俗名"承尘"。围栏常用小木块

❀ 清·红木围子床

※鉴赏要点　独板围子上雕有龙纹，纹饰细腻，束腰牙板下有浮雕花饰，床腿如内翻马蹄状，材质厚重，整体气派十足。

❀ 清·枸木雕围子床

◎尺　　寸　206厘米×211厘米×148厘米

◎成交价　RMB 222640

作榫拼接成各式几何图样，也有的在正面床沿上多安两根立柱，两边各装方形栏板一块，名曰"门围子"。正中是上床的门户。更有巧手把正面用小木块拼成四合如意，中间夹十字，组成大面积的棂子板，留出椭圆形的月洞门，两边和后面以及上架横楣也用同样手法做成。床屉分两层，用棕绳和藤皮编织而成，下层为棕屉，上层为藤席，棕屉起保护藤席和辅助藤席承重的作用。藤席统编为胡椒眼形，四面床牙浮雕螭虎、龙等图案。牙板之上，采用高束腰的做法，用矮柱分为数格，中间镶安绦环板，浮雕鸟兽、花卉等纹饰，而且每块与每块之间无一相同，足见做工之精。这种架子床也有单用棕屉的，做法是在四道大边里沿起槽打眼，把屉面四边的棕

❀ 明·黄花梨如意云纹架子床

◎尺　　寸　222厘米×313厘米×116厘米

◎成 交 价　RMB 1344000

※鉴赏要点　床面上四角立柱，上安顶架，正面另加两根门柱，有门围子与角柱连接，又名六柱床。床围子用四簇云纹相连接。床铺顶四周挂檐由镂空花板组成，床面下高束腰，壶门式牙，雕云龙纹，三弯腿，内翻云纹马蹄。

绳的绳头用竹楔镶入眼里，然后再用木条盖住边槽。这种床屉因有弹性，使用起来比较舒适，在中国南方各地，直到现在还很受欢迎。北方因气候条件的关系，喜欢用厚而柔软的铺垫，床屉的做法大多是木板加藤席。

　　架子床在明代家具中是体型较大的一种家具，做工精美，清雅别致，如以黄花梨木制作，弥足珍贵。清代架子床不仅用料厚重，形体高大，且围栏、床柱、牙板、四足及上楣板等全部镂雕花纹，还有在正面装垂花门的，玲珑剔透。民国时期架子床的门两侧多镶有条塞板。

❀ 明·榉木开光架子床

◎尺　　寸　216厘米×144厘米×205厘米

※鉴赏要点　床通体用榉木制成。床面四角分别立有圆柱，与门边二圆柱合为六柱，因此也称之为六柱床。以六柱支撑顶架，柱之间有楣板及床围子相连。前后楣板界为五格，左右三格，每格皆有委角的长方形开光。柱下端除前脸的门边外，只有两块围栏，其他三面的围栏与上楣板一一对应，只是由于围栏大于楣板的尺寸，故栏板的开光也宽出许多。床面下有束腰。鼓腿膨牙，内翻马蹄。整个器物无一分刻意雕琢的图案，光素而简洁，用料硕大而显稳重，开光秀气。是一件上乘之作。

❀ 清早期·红木架子床
◎尺　　寸　222厘米×155厘米×240厘米

※鉴赏要点　此床以红木制成，造型仿明式，面下有束腰，鼓腿膨牙，内翻马蹄。面上安八柱，上楣及床围均以小料攒成棂格，独特之处在于后侧正中围子做成活扇，可以拆装。

❀ 清·黄花梨雕花架子床
◎尺　　寸　高236厘米

※鉴赏要点　此床为黄花梨木制六柱架子床，正面方形门围及左右和后面长围，皆镂雕花卉纹，床顶四周的挂檐由镂空绦环板组成。

架子床分解示意图

◎床盖最有特色，加有束腰，开有鱼门洞。

◎看面的挂檐直通柱底与角牙相连。

◎攒框床面，用材厚重。

◎三弯腿，外翻足。

❀ 清·硬木嵌牙雕架子床
◎尺　　寸　220厘米×123厘米×224厘米

◎成 交 价　RMB 11000

※鉴赏要点　此架子床床身通体以红木制成，床面藤编软屉，面下有束腰，并锼出炮仗洞。拱肩处浮雕兽头，三弯式腿，外翻足，床面上四角立柱，左右及后面装床围子，正面安拐子纹门罩。下部门板镶牙雕折枝花卉。上有床顶，四围镶绦环板，镶牙雕花卉纹。造型稳重大方，既美观又实用。

❀ 清·黄花梨架子床

※ 鉴赏要点　六柱式架子床，挂檐为鱼肚式开光，门围子由十字连方纹攒接而成，下装矮佬。腿内侧兜转挖马蹄。

❀ 清·楠木架子床

◎尺　　寸　高213.5厘米

※ 鉴赏要点　此架子床为楠木制，通体光素无纹饰。席心床面，带束腰，直腿内翻马蹄。四角立柱，床围用立柱分为数格，内镶长方圈口。顶架四围的楣板做法与床围大体相同，当中开出炮仗洞，整体造型稳重大方。

❀ 清末·红木雕葡萄纹架子床（带炕桌）

◎尺　　寸　高258厘米

◎成 交 价　RMB 35 000

※ 鉴赏要点　此为清晚期较常见的架子床，前面采用小开门，花板通雕葫芦万代吉祥纹饰，绦环内或嵌理石，或嵌玻璃。床帽边沿起线打洼，显得很壮观。可以拆卸的结构便于移动和组合。

拔步床

拔步床也叫"八步床"，是体型最大的一种床。它在《鲁班经匠家镜》中被分别列为"大床"和"凉床"两类，其实是拔步床的繁简两种形式。

拔步床为明清时期流行的一种大型床。它造型奇特，体积庞大，结构复杂，好像把架子床安放在一个木制平台上，平台前沿长出床的前沿二三尺。平台四角立柱，镶以木制围栏。还有的在两边安上窗户，使床前形成一个回廊，虽小但人可进入，人跨步入回廊犹如跨入室内，回廊中间置一脚踏，两侧可以放置小桌凳、便桶及灯盏等。这种床式整体布局所造成的环境空间犹如房中又套了一座小房屋，拔步床下有地坪，带门栏杆，大有床中床、罩中罩的意思。进入民国后，这种床仍然在江南一带的富庶家中使用，所饰多吉祥图案及历史典故。

❧ **清中期·榉木攒海棠花围拔步床**

◎尺　　寸　　250厘米×220厘米×233厘米

◎成 交 价　　RMB 60 000

※鉴赏要点　此床为十柱，置于平地之上，周身大小栏板均为攒海棠花围，垂花牙子亦锼出海棠花，风格统一，空灵有致，装饰效果极佳。

❧ **明·楠木垂花柱式拔步床**

◎尺　　寸　　239厘米×232厘米×246厘米

※鉴赏要点　此床长、宽、高都超过两米，体形庞大。挂檐及横楣部分均锼刻透雕，表现古代人物故事；前门围栏及周围档板刻有麒麟、凤凰、牡丹和卷叶等纹样，刀法圆熟，工艺高超，体现出明代中期的典型风格。

❀ **明·拔步床**

※鉴赏要点　此拔步床为十柱式，楣板开出鱼肚门，正面门围和后面长围都用短材攒成整齐的"卐"字图案。

❀ **清·榉木拔步床**

◎尺　　寸　　224厘米×225厘米×233厘米

◎成 交 价　　RMB 200 000

※鉴赏要点　此床为榉木制成。四角及床沿以十根立柱坐落在方形须弥式台座上。上部四圈各镶三块楣板，浮雕折枝花卉纹，楣板下安夔纹倒挂牙子。床围及床牙浮雕卷云纹，床前门围子浮雕折枝花卉纹。整体造型稳重大方，装饰花纹精美华丽，是清式床具的经典之作。

✿ **罗汉床**

罗汉床是由汉代的榻逐渐演变而来的。是一种床铺为独板，左右、后面装有围栏，但不带床架的榻。罗汉床一般都陈设在王公贵族的厅堂中，给人一种庄严肃穆的感觉。这种床可以分为五围屏带踏板罗汉床、五围屏罗汉床和三围屏罗汉床。

早期罗汉床的特点是五屏围子；

到了中期，前踏板消失，三弯腿一改其臃肿之态；发展到晚期，罗汉床改为三屏，床面的三边设有矮围子，显得异常庄重和讲究。

❀ 明·紫檀藤面罗汉床
◎尺　寸　高96厘米

※鉴赏要点　该床通体以紫檀木制成，席心床面，面下有束腰，鼓腿膨牙，大挖内翻马蹄。直牙条，通体光素无雕饰。面上三面围栏，后高前低，分七段镶大理石心。石心有天然黑白相间的山水云雾花纹，体现出凝重肃穆的气质和风度。具有浓厚的明式风格。

❀ 清·硬木罗汉床
◎尺　寸　长199厘米

※鉴赏要点　此件罗汉床以藤席为面，下饰束腰，托腮下鼓腿膨牙，大挖内翻马蹄，兜转有力，牙条与三面床围浮雕双龙戏珠纹。雕工精细，气势雄伟，古朴大方，是居室、厅堂必备家具。

❀ 清早期·核桃木狮子滚绣球缠枝花罗汉床
◎尺　寸　210厘米×116厘米×84厘米

※鉴赏要点　此床通体以核桃木制成，围板满雕狮子滚绣球缠枝花纹，下牙板亦雕狮子滚绣球，腿为三弯腿。典型的清初做工，具有极高的观赏及收藏价值。

❀ **清早期·核桃木雕龙罗汉床**

◎尺　　寸　210厘米×105厘米×88厘米

※鉴赏要点　此罗汉床为核桃木制，床围子双面作透雕夔龙祝寿图案，束腰上雕卷云矮佬，鼓腿膨牙，内翻马蹄坐在托泥上。造型古朴大方，为晋作家具的典范。

❀ **清·红木嵌螺钿理石罗汉床**

◎尺　　寸　210厘米×139厘米×118厘米

◎成 交 价　RMB 96 800

※鉴赏要点　此件罗汉床通体以红木制成，面下有束腰，鼓腿膨牙展腿式外翻足。牙条及腿嵌螺钿折枝花卉。面上五屏风式床围，攒框镶心，中间嵌大理石，边缘嵌螺钿折枝花卉。造型稳重，做工精细，显示出富丽、豪华的艺术效果。

坐类

古典家具的种类

中国古代人们习惯席地而坐，早期的家具是由席开始的。早期的床也作为坐类家具使用的。一般认为，汉代以前没有椅、凳等高型的坐具，汉代时才开始出现一些较高的坐类家具。古代的坐类家具除了席、床、榻外，最常见的就是椅凳类家具。椅是有靠背坐具的总称（宝座除外），其式样和大小差别较大。中国古代椅子出现在汉代，它的前身是汉代北方传入的胡床，发展到南北朝时期，已为常见之物。唐以后，椅子才从胡床的名称中分离出来，直呼为椅子。隋唐五代时期，椅凳的使用渐渐多起来。宋代椅子更为普遍，造型和结构都很合理，高度也接近现代。到了明代，椅子的形式已很多，如宝椅、交椅、圈椅、官帽椅、靠背椅、玫瑰椅等。凳，最早并不是我们今天坐的凳子，它是专指蹬具，相当于脚踏。它成为坐具，也是汉代以后的事。这种坐具发展到两晋南北朝乃至唐代使用的更为普遍。坐具中凳子的等级稍次于椅子。明清时期的凳形式很多，有大方凳、小方凳、长条凳、长方凳、圆凳、五方凳、六方凳、梅花凳、海棠凳等，还有各种形式的绣墩。

❀ **清·紫檀木雕云龙纹宝座**

◎尺　　寸　长162厘米

◎成 交 价　RMB 650 000

❀ **清·大理石宝座**

◎尺　　寸　长123厘米

◎成 交 价　RMB 88 000

※ **鉴赏要点** 此宝座为红木制，面上七屏式围子，镶天然山水纹大理石，面下有束腰，鼓腿膨牙内翻马蹄。四足兜转有力，稳重大方。朴素、美观，具较高的艺术价值和收藏价值。

◎冰盘沿攒框硬屉座面　　　◎七屏式样围子

◎鼓腿膨牙式

宝座

凡专供皇帝使用的坐具皆称为宝座。形式多种多样，有些宝座的造型、结构和罗汉床相比并没有什么区别，只是形体较罗汉床小些。有人说是由床演化来的，也确实有一定的道理。宝座多陈设在各宫殿的正殿明间，为皇帝所专用。有时也放在配殿，一般放在中心或显著位置。这类大椅很少成对，都是单独陈设。宝座多由名贵硬木制成，施以云龙等繁复的雕刻纹样，有些雕工极其烦琐，髹涂金漆，极富丽华贵。传世明代宝座不是一般家庭的用具，只有宫廷、府邸和寺院中才有。明代的宝座形象，今天主要在壁画和卷轴画中才能看到，宝座实物则极为罕见。民国时期的宝座形式不多，数量极少。

❀ 清·紫檀剔红嵌铜龙纹宝座
◎尺　　寸　110厘米×105.5厘米×78厘米

※鉴赏要点　九屏风式座围，剔红"卐"字锦纹地，嵌菱形正面龙纹镀金铜牌。边沿浮雕云蝠纹和缠枝莲纹，座面为红漆地描金菱形花纹，边沿雕回纹，面下束腰嵌云龙纹镀金铜牌，牙条上雕蝠、桃、"卐"字及西番莲纹。腿部雕拐子纹，足下承雕回纹托泥。

❧ 从造型为家具断代 ❧

家具的造型，是判断年代的重要依据。许多明清家具的年代早晚，都可以从造型及其变化上来判断。比如搭脑两端出头、扶手两端不出头的扶手椅，或搭脑两端不出头、扶手两端出头的扶手椅，多为明式家具扶手椅的早期式样，其制作年代一般不会晚于清代中期。再如柜子，明式柜子以圆角柜居多，侧脚收分明显，以各种流畅的线条装饰为主，不重雕刻。入清以后，这类圆角柜逐渐减少，代之而起的方角柜，方正平直，侧脚收分渐小，至清代中期以后基本无侧脚，并且装饰雕刻亦由简洁变烦琐。甚至家具的腿足造型的变化，也可作为断代的依据。

❀ 民国·红木嵌影木席面宝座（清式）
◎尺　　寸　高110厘米

◎成　交　价　RMB 30 000

※鉴赏要点　此宝座通体红木制成，席心座面，前沿正中的大边、束腰、牙板向内凹进，束腰下的牙条，正中垂洼膛肚，并浮雕夔纹。拱肩展腿式外翻夔纹足。

交椅，因其交椅下身椅足呈交叉状，故名。据资料考证，起源于古代的马扎。马扎也称马闸或交杌，其模样同我们今天见到的小凳子相似，"杌"就是凳子，如今宁波人仍将小凳子称为"杌子"或"小杌子"。汉人的马扎又源自北方少数民族的"胡床"，大约在汉代传入。后来胡床经过发展演变，在唐代产生了交椅。交椅在五代时逐渐发展起来，而大量出现在宋代。宋代时交椅有多种，如金交椅、银交椅等。交椅主要是户外或厅堂中的临时陈设，它的特点是有轻巧的扶手，背板依照人的脊背作出曲线，座面是丝绳纺织的，颇为轻便舒

❀ **清·高丽木交椅**
◎尺　　寸　高105.5厘米

❀ **明末·黄花梨交椅**
◎尺　　寸　73.7厘米×66厘米×104.2厘米

◎成　交　价　HKD 3 300 000

※鉴赏要点　这件黄花梨交椅为罗圈状靠背扶手，除踏脚板式枨子选用金属外，其他部位只用铜作加固或装饰，结构精巧，突出的是木材的天然丽质，红紫润亮。

适。其前后两腿交叉，交界点作轴，可以折合，上面安装一固定圈。整个造型从侧面看似由多个三角形组成，线条纤巧活泼，但不失稳重。

明清时代的交椅，上承宋式，可分为直后背和圆后背两种类型。尤以后者是显示特殊身份的坐具，多设在中堂显著位置，有凌驾四座之势。直靠背交椅可称为折叠椅，也有可装卸翻转的圆轴状搭脑，高高的靠背板呈"S"形，非常适宜休息。圆靠背交椅多为有特殊身份的官吏大臣所使用。

❧ **清·黄花梨镶铜交椅**

◎尺　　寸　73.3厘米×62厘米×106.6厘米

◎成　交　价　RMB 2 053 440

※鉴赏要点　此交椅后背板呈弧线状，雕螭纹、麒麟纹及云纹。后腿弯转处有雕花牙子填充其间。座面为丝绳编制软屉。下有踏床。各构件交接处及踏面均用铜饰件加固。

❧ **明·黄花梨圆后背交椅**

◎尺　　寸　高109厘米

※鉴赏要点　交椅三截攒靠背，上雕花纹，下为亮脚，腿足交接处以白铜为轴。椅面穿绳代座。

🌸 **圈椅**

　　圈椅是在方凳的上面加上椅圈而成。椅圈后背与扶手一顺而下，就座时，肘部、臂部一并得到支撑，很舒适，颇受人们喜爱，后逐渐发展成为专门在室内使用的圈椅。它和交椅的不同之处是不用交叉腿，而采用四足，以木板作面，和平常椅子的底盘无大区别。这种椅子大多成对陈设，单独使用得不多。

明清时期圈椅的种类进一步增多，制作工艺更为精细、合理。椅面有的用丝绳或藤皮编制，也有的用木板硬面。框架一般以圆材较多，适合椅圈的弧形曲线，是利用了椅圈抱腰的舒适感而专门设计的。也正因为此种原因，明式家具珍品中常少不了圈椅的身影。圈椅在中国古代家具中品第高雅，属于空灵之物。现代家具设计和研究人士纷纷指出，明式圈椅以主圈（圆形搭脑）为代表的韵律美，是中国家具最具民族特色的地方之一。

❀ 明·黄花梨圈椅（一对）

◎尺　　寸　60厘米×47厘米×99厘米

※鉴赏要点　圈椅是明式家具典型的式样，椅圈自搭脑处顺延而下成扶手，背板呈"S"形，饰以小浮雕，体现了实用性与科学性的统一。

❀ 明·黄花梨圈椅（一对）

◎尺　　寸　59.6厘米×46.4厘米×100.7厘米

◎成　交　价　USD 119 500

※鉴赏要点　此对圈椅黄花梨木制，席心座面，冰盘沿下施高拱罗锅枨及横梁，用以承托座面。腿下装步步高赶枨。侧脚收分明显，面上后边柱与腿一木连作，前部安联帮棍及鹅脖，与椅圈连接，背板如意纹开光，透雕双螭纹。稳重大方，简练舒展，具有很高的艺术价值。

❀ 明·黄花梨圈椅（四件）

◎尺　　寸　58厘米×46厘米×97厘米

※鉴赏要点　此圈椅为黄花梨木制，侧脚收分明显。靠背板雕二龙祝寿图，上端两侧雕两个小花牙。椅盘下壶门券口上细雕卷草纹，椅腿下横枨做成步步高赶枨式，是典型的明式家具特点。四具一堂，在传世的明黄花梨圈椅中能成堂保存至今的十分罕见、难得。

圈椅分解示意图

◎三接椅圈

◎联帮棍呈圆弧状
向外鼓出

◎前后腿均为一木连做

❀ 明·黄花梨浮雕靠背圈椅

◎尺　　寸　54.5厘米×43厘米×93厘米

◎成 交 价　RMB 1 50 000

※鉴赏要点　四腿由下至上，贯穿椅面，与椅圈相交，为圈椅制作的较早式样。联帮棍呈圆弧状鼓出，富有弹性；券口采用刀子板形制，整体古拙和谐。靠背板整木素洁，仅在上方浮雕锦地龙纹，龙脊隆起，龙首折回，龙尾呈草状，生机勃勃。此椅靠背板装饰手段在明式家具中十分少见。

🍀 太师椅

太师椅是唯一用官职来命名的椅子，它最早使用于宋代。有关太师椅名称的最早记载见于宋代张瑞义的《贵耳集》。文中提到当时任太师的奸臣秦桧坐着的时候，无意中头巾坠落。他的下属看在眼里，便命人制作了一种荷叶托首，由工匠安在秦桧的椅圈上。太师椅由此产生，太师椅这一名称也由此传开。

明代时，椅形已不是指带荷叶托首的交椅了，而是将下部框式方座，上部安栲栳样椅圈儿的圈椅称为太师椅。清代把屏背式扶手椅称为太师椅。样子庄重严谨，用料厚重，雕饰繁重，体量宽大，气度宏伟。

❀ 清·红木嵌螺钿太师椅（一对）
◎尺　　寸　60厘米×46厘米×97厘米

※鉴赏要点　器俗称花篮椅。嵌银锭式大理石椅面。椅背及扶手嵌螺钿，透雕如意、瓜瓞绵绵。搭脑呈"U"形，有卷云和螺钿花草。座面下枨子及腿子，嵌螺钿缠枝花卉。嵌螺钿的牙子镂雕梅花纹。回纹腿足之间，有齐头碰管脚枨。枨下为券形牙子。

❀ 清·红木嵌螺钿理石太师椅、茶几
◎尺　　寸　65.5厘米×52厘米×109厘米（椅）47厘米×47厘米×80厘米（几）

◎成 交 价　RMB 35 200

※鉴赏要点　器身红木制，大理石座面，有束腰，四腿展腿式，鹰爪式足。腿间安四面平式管脚枨。牙条下另安透雕花牙，以螺钿镶嵌梅花纹。面上三面椅围，正中搭脑下圆形开光，镶嵌山水纹大理石心，两侧透雕折枝梅花。其余各部均嵌以折枝花卉。两椅中间配展腿式石面茶几，做法与椅子相同。镶嵌工艺精湛，豪华富丽。

❀ 民国·黄花梨木太师椅（圆椅二几）

◎尺　　寸　67厘米×44厘米×103厘米

※鉴赏要点　椅身黄花梨木制，靠背与扶手活榫开合，后背镶东京木心，透雕蝙蝠及各式杂宝纹。面下宽牙条，透雕卷云纹。三弯式腿外翻足。这种造型在清末出现，民国时期广为流行。为海南当地制作的家具。材质珍贵，但和清代中期家具相比，艺术水平则差得很远。

晚明文人著述中的明式家具

　　明式家具的兴盛繁荣在晚明文人的著述中可以窥见一斑。万历时屠隆《考盘余事·起居器服笺》中列举了家具数件。高濂的《遵生入笺·起居安乐笺》有类似的叙述，而长洲文震亨《长物志》的记述更详，屠隆又增列了天然几、书桌、壁桌、方桌、台几、椅、杌凳、交床、橱、佛桌、床、箱和屏等十多种，明人积习，喜欢互相剽窃。三者孰创孰因，姑勿究论，仅起居器用，各书都津津乐道，足见一时的风尚。内容最多的《长物志》，不妨看做是晚明江南文人列举家具品种，兼及使用、鉴赏和带有理论性的一段文字。沈春泽《长物志》序："几榻有度，器具有式，位置有定，贵其精而便、简而裁、巧而自然也。"室内家具陈设的旨趣，在这几句话中已阐发得很清楚了。万历时戈汕所著的《蝶几谱》，详述可用特制的十三具三角形几，变化摆出一百多个样式来，相信它是由更早的燕几演变而成的。它等于大型的七巧板，好事人已经把家具的使用发展成为一种家具游戏了。

❀ 清中期·黄花梨花鸟纹太师椅

◎尺　　寸　62厘米×47厘米×108厘米

※鉴赏要点　此椅的特点在于椅盘以下敦实、简洁，素混面攒框落堂硬屉座面，素方腿、素牙板、素横枨，除了椅盘下装一小束腰外，没有任何装饰。椅盘以上部分则做工细腻、繁复，透雕花鸟纹。靠背和扶手的边框曲线优美自然，以走马销相连，拆装方便，便于搬运。

官帽椅以其造型酷似古代官员的官帽而得其名。官帽椅分为南官帽椅和四出头式官帽椅两种。所谓四出头，实质就是靠背椅子的搭脑两端、左右扶手前端出头，背板多为"S"形，且多用一块整板制成。南官帽椅的特点是在椅背立柱和搭脑相接处做出软圆角，由立柱作榫头，横梁作榫窝的烟袋锅式做法。椅背有使用一整板做成"S"形，也有采用边框镶板做法，雕有图案，美观大方。

❈ **明·铁梨木南官帽椅（一对）**

◎尺　　寸　59厘米×44厘米×120.5厘米

※鉴赏要点　高靠背，搭脑做成枕式，舒适美观。靠背立柱、扶手以及鹅脖曲线均做得委婉有致。全身光素，挺拔秀美。

❈ **明·红木四出头官帽椅（一对）**

◎尺　　寸　54厘米×43厘米×106厘米

❖ 明·黄花梨四出头官帽椅（一对）

◎ 成 交 价　USD 37 550

※ 鉴赏要点　此椅通体为黄花梨木质地。背板有枨子界出三格，上两格均打槽镶板，其中浮雕仙鹤及麒麟图案，上圆下方。下端有亮脚，镶壶门形牙板，牙板浮雕螭纹。扶手弯曲前伸，联帮棍被雕成竹节形圆柱。座面为四角攒边框，打槽镶装落堂踩鼓板心。四腿间均有券形牙板，下有前后低两侧高的赶枨。前面的枨子用料稍大，高出腿子表面，便于歇脚。枨下有券形牙子。从椅子腿部的材料处理上看，外圆内方，并且带有明显的侧脚收分。无论从造型、结构及工艺上看，都体现了明式家具的特点。

❖ 清中期·紫檀木四出头官帽椅（一对）

◎ 尺　　寸　高97厘米

※ 鉴赏要点　靠背板攒框而成，装心板浮雕花卉。鹅脖另裁，搭脑为罗锅枨形式，较为新颖。

❖ 明·黄花梨四出头官帽椅（一对）

◎ 尺　　寸　60厘米×45.5厘米×117厘米

※ 鉴赏要点　该椅为黄花梨木制，官帽形四出头，席心座面，正面镶壶门券口牙子，腿间装步步高赶枨。面上靠背攒框镶心，并做出弧形曲线，当中以落堂和不落堂两种手法镶板心，下部镶壶门亮脚。两侧上下装角牙，整体造型简洁明快、美观大方。充分体现了明式家具的风格特点。

玫瑰椅

玫瑰椅是各种椅子中较小的一种，用材单细，造型小巧美观，多以黄花梨木制成，其次是铁梨木，用紫檀木制作的较少。玫瑰椅将花梨木独特的色彩、纹理和椅子别致的造型巧妙结合，令人赏心悦目。玫瑰椅在宋代名画中曾有所见，明代更为常见，从传世实物数量来看，它无疑是明代极为流行的一种式样。

玫瑰椅实际上属于南官帽椅的一

❀ **明·铁梨木券口靠背玫瑰椅（一对）**

◎尺　　寸　高89厘米

※鉴赏要点　靠背镶有券口，三面券子下部有圆枨加矮佬，正面鱼肚形券口牙子，直腿圈足，腿间安步步高赶枨，迎面枨及两侧枨下安有牙条。

种。它的椅背通常低于其他各式椅子，与扶手高度相差无几，搭脑部位正当坐者的后背。在室内临窗陈设，椅背不高过窗台，配合桌案使用又不高过桌沿，由于这些与众不同的特点，使并不十分实用的玫瑰椅备受人们喜爱，并广为流行。玫瑰椅的名称在北京匠师们的口语中流行较广，而南方称这种椅子为"文椅"。在明清时期，玫瑰椅往往被放在桌案的两边，对面而设；或不用桌案，双双并列；或不规则地斜对着，摆法灵活多变。入清以后，玫瑰椅的造型未有大的变动，但玫瑰椅的使用已不像明代那么普遍。清代时，造型气派、座位较宽敞的太师椅大行其道，成为扶手靠背椅中的新宠。

❀ **清·黄花梨透雕靠背玫瑰椅**

◎尺　　寸　60.3厘米×45.9厘米×100.7厘米

◎成　交　价　RMB 296 480

※鉴赏要点　靠背搭脑及扶手，采用烟袋锅式榫卯结构。背板中间一变体寿字，四周环绕螭纹，皆为透雕，两侧的扶手框内则为曲边券形牙子。座面的两边抹头及后大边上，装饰卡子花。席心座面下及步步高赶枨下，三面皆有券口牙子。

Gemstone

古典家具收藏知识百科

◎双环卡子花

❁ 清·黄花梨双圈卡子花玫瑰椅
◎尺　寸　58.5厘米×48厘米×86厘米

※鉴赏要点　此椅的靠背及扶手皆为梳背式加双环卡子花。座面四边为劈料作，形成双混面边沿，四角攒边框镶席心座面。座下圆木短材，攒成三个方格。椅子下端有齐头碰管脚枨，腿子下端较上部阔出许多，带有明显的侧脚收分。

玫瑰椅分解示意图

◎直棂式椅背、扶手

◎烟袋锅榫

◎双枨间加矮佬

◎出榫

◎直腿

◎步步高赶枨下贴接罗锅枨

❁ 清末·黄花梨直棂围子出榫玫瑰椅
◎尺　寸　51厘米×47厘米×88厘米

※鉴赏要点　此椅的靠背及扶手，都采用竖材装饰。座面四边为劈料作，形成双混面边沿，四角攒边框，镶席心座面。座下圆木短材，攒成三个方格。

灯挂椅是一种历史很悠久的椅式，五代时期已经出现。这种椅子的最上端的搭脑两端向外挑出，有的形成优美而又富有情趣的弓形，很像江南农村竹制油盏灯的提梁，所以人们称之为灯挂椅。这种椅子背柱有两根，中间为背板，上承两端挑起的桥形横梁，没有扶手，多为光素无雕饰，也有在背心雕一组简单图案。一般采用硬木或杂木，也有朱漆、朱漆

描金及硬木本色的。由于挂灯椅整体造型的简练、实用的特点，和一般几案都很容易配合，没有几案也不会感到单调。

❖ 清中期·榉木连桌及灯挂椅

※鉴赏要点　榉木连桌六腿，似两个方桌相拼，实为连体。罗锅枨加矮老，形制朴素。榉木灯挂椅搭脑优美，靠背板光素，曲线优美，六只一堂，十分难得。这种家具较少见，原为大户人家使用。

灯挂椅分解示意图

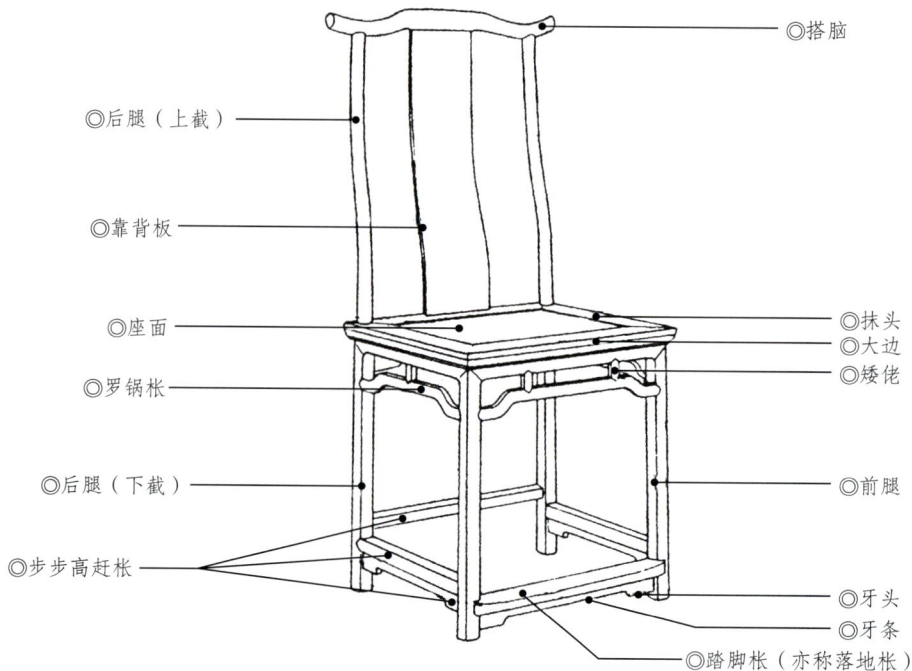

◎搭脑
◎后腿（上截）
◎靠背板
◎座面
◎罗锅枨
◎后腿（下截）
◎步步高赶枨
◎抹头
◎大边
◎矮佬
◎前腿
◎牙头
◎牙条
◎踏脚枨（亦称落地枨）

🌸 靠背椅

靠背椅产生于南北朝，唐代以后使用得更加普遍。椅面一般为方形，有靠背，拱形搭脑。靠背椅的造型特点是有靠背无扶手，并且靠背搭脑不出头。这种椅子的靠背有不同形式，有称其为"一统碑式"椅子的。另一种又被称为"灯挂椅"，它的横梁长出两柱，又微向上翘，犹如挑灯的灯竿，故而得名。在用材和装饰上，硬木、杂木、彩漆描金、填漆描金、各色素漆和攒竹等做法皆有之。明清时期的靠背椅制作更加精细。在选材方面，一般选用红木和楠木。

❀ 清晚期·花梨木单靠背椅（四件）

◎尺　　寸　45厘米×44厘米×92厘米

※鉴赏要点　该椅为花梨木制，四件成堂。椅面落堂镶板，圆柱腿，腿间装卷云纹罗锅枨，正中镶双矮佬，腿下部装步步高赶枨。后背两边柱微向后弯，搭脑透雕如意头纹。后背攒框镶心，中间镶板，落堂踩鼓式。上下枨透雕如意头，并随椅背边柱向后弯曲。艺术水平虽不比清代中期，但反映了清末民国时期的历史特点。且四件成堂也很难得，具有一定的收藏价值。

❀ 清·红木广式单靠背板椅（一对）

◎尺　　寸　高81厘米

※鉴赏要点　椅为红木制，单靠背，用一木雕刻而成，刀法犀利，内镶圆形大理石。椅面攒框落堂踩鼓作。面下有门式牙条。三弯腿。四腿间有横枨，两侧枨间有一横枨连接，造型奇特，打磨精细。

杌凳是不带靠背的坐具。明式杌凳大体可分为方、长方和圆形几种。杌和凳属同一器物，没有截然不同的定义。"杌"字见《玉篇》："树无枝也。"《事物绀珠》解释说："杌，小坐器。"在北方语言中，"杌"仍习惯于众口，如称一般的凳子为"杌凳"。有一类杌可以折叠，携带、存放都比较方便。杌凳又分有束腰和无束腰两种形式，有束腰的都用方材，很少用圆材。而无束腰杌凳用材方面方材、圆材都有。有束腰者可用曲腿，如鼓腿膨牙方凳；而无束腰者都用直腿。有束腰者足端都做出内翻或外翻马蹄，而无束腰者的腿足无论是方是圆，足端都很少做装饰。凳面的板心，也有许多花样。有硬木心的，有各色硬木的，有木框漆心的，还有藤心、席心、大理石心等，用材制作都很讲究。

🏵 明·黄花梨雕螭龙纹交杌

◎尺　寸　53厘米×53厘米×37厘米

※鉴赏要点　椅面及杌足下横材共有四根，杌足两根用圆材。浅浮雕纹饰。正面两足间设踏床。布座面，有铜饰。

🏵 清·黄花梨交杌

◎尺　寸　56厘米×46厘米×52厘米

※鉴赏要点　杌面不用绳索而代以可折叠、中间有直枨的木框，下有支架。两腿圆材，正面足间设踏床。

🏵 方凳

东汉末年，西北民族进入中原，从而输入了方凳这种高型坐具。一般用普通木材制作的，也有用紫檀木、花梨木、红木、楠木等高级木材制作的。它的坐面尺寸不等，样式也多样化，最大的约两尺见方，最小的约一尺见方。它可以与方几、方桌相配合，在室内陈设仅次于椅子，十分重要。明代的方凳发展较大，或一色木制，或大理石心，还有丝绳藤皮编织软心，四足及边框宽厚稳妥，夏日不用凳套尤其清凉宜人。硬木大方凳多半光素，棱角圆润平滑，或有边框四足略作竹节纹的。清代时方凳的花样更加齐全，并由镶玉、包镶文竹等装饰，增添了几许华丽，不失为古典家具的上品。

❖ 清·红木嵌瓷板方凳（一对）

◎尺　　寸　　高48厘米

◎成　交　价　　RMB 36 000

※鉴赏要点　此对精致的方凳面部被制成可活动式，侧沿打洼，腿部内侧起线，二节腿的做法显得很壮实，足部外翻叶形马蹄，镶嵌斗彩瓷板，体现了设计制作者的综合审美情趣。

长方凳分解示意图

◎束腰和牙子为方材一木连做

◎壶门牙子上透雕云纹，分做三组，沿着凳腿、牙板和花纹起阳线。

◎十字枨。

◎腿角内翻马蹄，外挓。

❖ 明·黄花梨束腰长方凳

◎尺　　寸　　55厘米×49厘米×46厘米

◎成　交　价　　RMB 275 000

※鉴赏要点　凳面攒框镶板，冰盘沿下束腰平直。壶门牙子锼镂云纹。方材云腿，内翻马蹄足。腿间有十字交叉枨子，增加了凳子的支撑力及收缩力，从而给人以坚实、厚重的感觉。

❀ 清·鸡翅木拐子方凳（四件）
◎尺　寸　46厘米×46厘米×47.5厘米

※鉴赏要点　此组方凳庄重典雅，面下带束腰，牙板和底枨采用两劈料做法，足部雕刻回纹，空灵的牙板格内加装拐子纹装饰，不但不繁，反而增添了几许华丽，加上难得的鸡翅木纹理，不失为古典家具中的上品。

❀ 清·黄花梨方凳（一对）　（明式）
◎尺　寸　64厘米×64厘米×55厘米

※鉴赏要点　此对方凳采用了较多的装饰手法。牙条、腿足边缘起阴线，足端做出云纹马蹄，牙条下的附加花牙不同于常见角牙，雕饰较繁，而年代则较早。

❀ 清·榉木方凳（一对）
◎尺　寸　高46.4厘米

※鉴赏要点　座面攒框装板心，混面沿无束腰，直腿圆足，腿间安横枨。通体光素，颇具明式家具简洁明快的特点。

❀ 清·黄花梨仿竹木方凳（一对）
◎尺　寸　59.7厘米×59.5厘米×46.3厘米

※鉴赏要点　凳面四边劈料作，攒框镶席心。面下六根短柱，连接横枨。枨下以圆木作券口。劈料式腿子，四腿间有齐头碰管脚枨。

Gemstone
古典家具收藏知识百科

❀ 清·柞木禅凳（一对）

◎尺　　寸　52厘米×52厘米×49厘米

※鉴赏要点　禅凳以柞木制成，硬席面，形制适中，应为古时坐禅之用椅。席心座面下衬硬板，疑为后改。面下束腰牙条下四面平直枨，直腿内翻马蹄。唯马蹄较小，明显为清代做工。

❀ 清·黄花梨方凳（一对）

◎尺　　寸　50.2厘米×50.2厘米×50.8厘米

※鉴赏要点　座面四角攒框，带束腰，直腿内翻马蹄，腿间安罗锅枨，枨上装双环卡子花。做工考究，装饰简洁。

❀ 明·黄花梨有束腰方凳

◎尺　　寸　高46.5厘米

◎成 交 价　RMB 22 000

圆凳，又称为圆杌，是一种与杌和墩相结合的高型坐具，没有靠背。其做法与一般方凳相似，已带束腰的占大多数。一般都制作精巧，选用较好的木料制成，也有用粗木制作的，但并不普遍。圆凳的腿足有方足和圆足两种，方足的多做出内翻马蹄、罗锅枨或贴地托泥等式样，凳面、横枨等也都采用方边、方料；圆足的则以圆取势，边棱、枨柱至花牙等皆求圆润流畅。明代的圆凳体积大且从上至下的弧度较大造型略显敦实，三足、四足、五足甚至更多足的都有，一般有束腰，凳面有圆形、海棠式或梅花式等。清代的圆凳较瘦高，无束腰圆

❀ 清晚期·红木圆凳（四只）
◎尺　　寸　40厘米×49厘米

※鉴赏要点　凳为红木制，凳面落堂装板作，下有束腰，三弯腿，足下踩圆珠，四腿间有管脚枨，呈罗锅枨式。总体造型呈现出了明显的西方家具和艺术的韵味，是一套中西合璧的作品。

❀ 清·红木狮纹圆凳（一对）
◎尺　　寸　44厘米×46厘米

※鉴赏要点　圆凳面为梅花形，边框内镶浅粉色大理石，框边沿饰一圈乳钉纹。束腰，三弯腿，束腰与腿之间的牙板上浮雕葡萄纹。四腿的上部雕有狮面纹，中间雕花卉纹。四根半圆形管脚枨相互交叉，与凳腿相连。兽足外撇。

凳都采用腿的顶端作榫，直接承托凳面的做法；有束腰圆凳则主要靠束腰和牙板承托凳面。民国时期的圆凳高度，趋于低矮。

如何确定老家具的真伪

要确定老家具的真伪，有几点必须掌握：一看包浆是否自然。二看家具的褪脚是否有褪色和受潮水浸的痕迹。三看家具的底板和抽屉板，比如老的桌子和闷户柜等，底板和抽屉板就有一股仿不像的旧气味。如果看到榫眼两头是圆的，就说明是机器加工的，肯定是新仿品。四看木纹。硬擦的木纹总有一种不自然的感觉。五看翻修痕迹。有些布面的椅子在翻新后，原有的椅圈上会留下密密麻麻的钉眼。六看铜活件。老家具的铜活件如果是原配的，应该被手摩挲了几十年甚至几百年。有些材质较好的家具还选用白铜打造，时间长了会泛出幽幽的银光，令人遐思。

❀ **清康熙·楠木嵌瓷心云龙纹圆凳**

◎尺　　寸　41厘米×49厘米

※**鉴赏要点**　座面嵌瓷心，绘青花云龙纹。鼓腿膨牙，牙条抱肩榫。四腿下端格肩榫与托泥结合，形成四个壶门开光。足端带蹼，托泥下饰龟脚。

❀ **清·红木圆凳（四只）**

◎尺　　寸　42厘米×50厘米

◎成　交　价　RMB 16 500

※**鉴赏要点**　材质厚重，包浆温润，秀气玲珑，高束腰镂雕花纹，雕刻工艺精细，整体造型别致，线条优美。

❀ **近代·红木雕葡萄纹嵌理石圆桌、凳（清式）**

◎成　交　价　RMB 11000

※**鉴赏要点**　五件套均为红木质地。圆面红木边框，内侧裁口，镶嵌有精美纹理的大理石板心。牙板随圆面一周相交，并镂雕葡萄纹饰。桌凳皆为四条三弯式腿，下部安装双枨。桌与凳结构稍有不同：凳腿直接与凳面边框相交，而桌腿交于桌面下的穿带上。另外，桌腿的横枨间空隙较大，以如意云纹的卡子花填充其间。

❀ **清·黄花梨霸王枨春凳（明式）**
◎尺　寸　98厘米×42厘米×49厘米

※鉴赏要点　凳面攒框镶席心，冰盘沿边。面下束腰平直。腿以格肩榫与枨相交后，再延伸直上，与凳面结合。腿、枨内侧起阳角线。腿、面之间另有霸王枨相连，上端连在席下的穿带上，下端固定在腿内侧。直腿内翻马蹄。春凳也叫二人凳，常置于卧室中使用。

🌸 春凳

春凳是凳子的一种，它的长和宽的差距较大，其长度一般可供两人并坐，凳面较宽、无靠背，其高度常与床相仿。江南地区喜欢把这种两人凳叫做春凳，一般常在婚嫁时上置被褥，贴上喜花，抬到夫家作为嫁妆。春凳也可以供小孩睡觉用，有时也可以当炕桌使用。因为它的开头如长几，所以不仅仅是坐具而且可在上面摆上一两件陈设品。春凳在清代皇宫中有一定规矩，但是在民间春凳没有规矩，多用粗木制作，一般用本色或者刷色罩油。

🌸 滚凳

滚凳产生于明代，明代的养生术将脚凳与健身运动结合起来，制成了滚凳。道学认为，人足心的涌泉穴是人精气的产生之地，养生家常令人按摩此处，于是创意产生了滚凳。它的外形类似脚踏两大边之间以腰抹头分出两格，格中安装或二根或三根滚轴，人坐在椅子上，用脚踏在滚轴上，对足心的涌泉穴进行摩擦，以达到使身体各部筋骨舒展，血气流涌的效果。

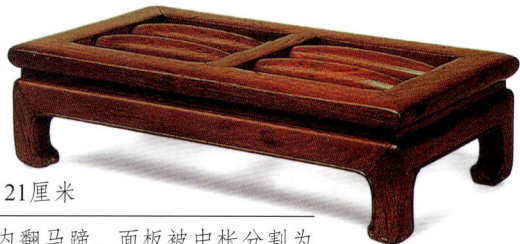

❀ **明·黄花梨滚凳**
◎尺　寸　77厘米×31.2厘米×21厘米

※鉴赏要点　滚凳有束腰。直腿内翻马蹄，面板被中枨分割为两大块，各留长条空当，装中间粗两头细的活轴四根。滚凳一般置于桌案之下，人的双脚可放于其上，活轴转动时，可促进脚部的血液循环。

条凳

条凳是凳子的一种，这种高型家具是在北方少数民族进入中原后输入进来的，到唐代已经比较盛行了。这种凳子的长与宽的差距较大，故称之为条凳，可以同时供多人坐。因此在人多地方小的时候这种凳子比较实用。如宋元时期出现过这种条凳，它的特点是方便且

❀ 清·脚凳

❀ 清·榉木夹头榫小条凳
◎尺　　寸　49.5厘米×15厘米×40厘米

※鉴赏要点　此凳为案形结构，四腿足侧斜显著，采用夹头榫连接。独板厚材，腿足线脚及牙头都做得憨厚淳朴，宋元绘画作品中常出现这种条凳。

实用。清代时也出现一种叫榉木夹头榫小条凳，这种条凳是条案形，侧脚比较显著，采用夹头榫连接，很是实用，民国时期也流行一时，但后来它的结构越来越简单，牙板被省略了。

未来家具五大潮流

欧洲家具设计师以前卫著称。如今正当21世纪之初，未来家具会如何发展呢？据欧共体国际社会艺术研究所发表的《家具文化与艺术展示——来自欧洲的改变》报告显示，未来欧洲家具设计将向以下方面发展：第一，个性。随着家庭观念的不断变化，家将成为男女表情达意的主要方式，家具既要体现家的共同需求，也要反映人的不同个性。例如，双人床亦可一分为二，厨房台面高度分男式和女式，或书柜内层更趋个性化等。第二，更新。旧家具不要随便抛弃，有些将会采用提高等级的方法翻新成更实用的家具。家具提高等级的方法层出不穷，相信在不久的将来，可组合改变的家具会更受欢迎。第三，刺激。随着生活节奏的日趋加快，各种影像信息不断冲击人们的生活，在家具设计方面，采用刺激性艺术设计的小型家具，如灯饰，将会备受重视，因为它善于表达拥有者的情感，其开关新奇别致，极具动感。第四，安全。未来的家庭将会更重视安全的因素。因此，家具会更重视保护式艺术的设计，不仅环保，更能防火、保温和持久。第五，舒适。人们不再像以前喜欢红木家具那样注重家具的保值，相反，家具的舒适程度成为人们首先考虑的因素。这一流行趋势带来的就是科技因素在家具设计和制造中的含量越来越高。

脚凳

早期的凳不是指坐具，而多是指蹬具。脚凳就是一种蹬具，可用来上床等，是一种脚踏，常和宝座、大椅、床榻组合使用。除了蹬以上床或就座外，还有搭脚的作用。因为一般的宝座或者大椅座面较高，超过人的小腿的高度，坐在上面一定会悬空的，如果设有这种脚凳，把腿足放在上面，会很舒服。

墩在汉代已经出现，最早时多用竹藤制成。到五代时期，就出现了绣墩，也称坐墩，即在墩面蒙有兼具防尘和装饰效果的绣套。绣墩也是一种无靠背坐具，它的特点是面下不用四足，而采用攒鼓的做法，形成两端小中间大的腰鼓型。上下两边各雕弦纹一道和象征固定鼓皮的乳钉纹。为便于提携，在中间开出四个海棠式鱼门洞。绣墩在墩面四周常饰有流苏。到了宋代，墩的使用已相当普遍。从宋代的坐墩上，我们看到它往往保留着

两种物体的痕迹，即来自藤墩的圆形开光和源自鼓腔钉蒙皮革的鼓钉。在多数的明式木制坐墩上，依然以此为装饰，就是瓷坐墩也不例外。明清以来，绣墩的基本式样是器身开光，两端小，中间略大，吸收了古代花鼓的特点，在上下两头各做出弦纹一道，雕出象征鼓钉的钉帽，腔壁的四周或为素面，或装饰有各种图案。这类坐具大多体型较小，占地面积不大，宜陈设在小巧精致的房间内。明代坐墩传世极少，即使是清制而具有明式风格的坐墩也为数寥寥。清代坐墩具有较复杂的装饰和较丰富的造型，大开光、起弦纹和乳钉纹等明代简洁做法被摒弃，墩身外墙往往有三四层装饰纹样。墩体由矮硕趋向细高，坐墩高度增加。绣墩除木制外，还有竹编、藤编、彩漆、雕漆或陶瓷等多种质地，墩面常常嵌有影心木，以衬托其华贵。造型多样，色彩纷呈，陈设于厅堂中，绚丽多彩。民国时期的绣墩略矮，多嵌大理石或硬螺钿，一般与圆桌配套成堂。

❀ **清·红木理石面鼓凳（一对）**

◎尺　　寸　33厘米×45厘米

◎成 交 价　RMB 200 000

※鉴赏要点　鼓凳是明清家具中较常见的器物。这对鼓凳光素的上下牙板被做成对称的披肩式造型，四腿的壮实与双线海棠形装饰楞格形成对比，使人觉得既稳重又清秀。

❀ **清·紫檀束腰四足坐墩**

◎尺　　寸　高51.5厘米

◎成 交 价　HKD 132 000

※鉴赏要点　座面为海棠形，面心镶板，有束腰，鼓腿膨牙，牙条抱肩榫，牙板及腿足皆雕饰花纹。内翻马蹄，下踩托泥，托泥下饰龟足。

❀ 清·紫檀五开光坐墩
◎尺　　寸　28厘米×52厘米

※鉴赏要点　坐墩腔壁有五个略具海棠式的开光，上下各有弦纹及乳钉纹一道，这些是明及清前期坐墩常有的特征。坐墩造型自明至清有由粗硕向修长发展的趋向。此墩的制作年代当在清前期。风格清秀。

❀ 清·紫檀直棖式坐墩
◎尺　　寸　29厘米×47厘米

※鉴赏要点　此坐墩吸取了直棖窗的做法，故腔壁已无圆形开光的痕迹，而外貌近似一具鸟笼，疏透整齐，形象颇佳。这种设计可能是为了达到充分利用木材的目的。

❀ 明·黄花梨绣墩（一对）
◎尺　　寸　直径43厘米

◎成 交 价　RMB 330 000

※鉴赏要点　此对绣墩为黄花梨木质地。鼓形，上下两端边沿装饰弦纹及乳钉纹，弧形腿子与弧形牙板形成鼓腿膨牙，腿与牙板均起阳线且交圈。托泥下安装五个龟脚。绣墩五腿间形成五处开光，腿子上下两端较中间甚宽，而中间又向外膨出较多，显示出不惜耗费材料的做法，这些特点较清式有很大差别，所以明式的绣墩，往往有更加稳重的感觉。

古代置物类家具总体上来说主要包括桌类、案类、几类等家具。早期的置物类家具，样式比较单一。桌子在隋唐时期已有发现，后来逐步发展，常见的桌子有长方桌、长条桌、方桌、圆桌、炕桌、半桌和月牙桌等。桌子常常与凳子相配套使用。案的造型有别于桌子，突出表现为案的腿足不在面沿四角，而在案面两侧向里缩进一些的位置上。案面两端有平头和翘头两种形式。两侧腿间大都镶有雕刻各种图案的板心或各式圈口。案足有两种做法，一种是案足不直接接地，而是落在长条形托泥上；另一种不带托泥，腿足直接接地，并微向外撇。案类的家具主要有书案、架几案、平头案、翘头案、炕案、条案和画案等。几类家具主要有炕几、香几、蝶几和漆几等。古代置物类家具主要用来放置物品，这些家具都十分讲究，有很强的实用价值，匠师们在不失庄重感的基础上，加以高超的雕饰之工。

❀ 明·黄花梨条桌

◎尺　　寸　　128.3厘米×48厘米×83厘米

※鉴赏要点　此条桌为黄花梨木质地。整体光素，不施雕琢。面下束腰平直。腿子直下至足，内翻马蹄。腿与牙板皆有阳线且相交。腿间无枨，这样便于人们坐在桌前时，将腿伸到桌下，但又要兼顾它的牢固性，所以在腿上部与面板下的穿带间用霸王枨相连，以起到支撑和拉紧腿子的作用。这种做法是典型的明式家具做工，在明代的方桌上，也普遍应用。这种条桌常置于落地花罩前或窗前使用。

长方桌与长条桌

　　长方形在人们头脑中的概念是只要长大于宽，且四角各为90°。唯长方桌却专指接近正方形的桌子，它的长不超过宽的两倍。如果长度超过宽度的两倍，那就应称为长条桌（或"长桌"、"条桌"），腿与桌面呈90°直角，腿不向里缩进。长条桌有无束腰和有束腰两种基本造型，其他结构形式也较丰富，如有束腰罗锅枨单矮佬直腿条桌、无束腰弓背牙子直腿勾脚条桌等。长条桌与画桌、画案、书桌及书案等宽长桌案相比，结构和造型相同，其区别主要在于后者比前者宽大。清代长条桌一般采取高束腰造型，牙条和腿足上铲地浮雕纹饰，图案精美，腿足以回纹内翻马蹄足多见。民国时期的桌脚多为机镟木腿。

❁ 明·榆木二屉条桌

◎尺　　寸　160厘米×38厘米×85厘米

※鉴赏要点　光素桌面，冰盘沿边。面下腿子做混面，腿间有枨，枨与桌面间装矮佬，界为两格，格内装抽屉两具，各有铁制扣吊。抽屉脸做壶门式开光，边沿饰一圈乳钉。腿子上部的外角及中部的内角均装托角牙子。前后腿之间双横枨均为方材，上边做半榫，下边为透榫，使器物更加厚重、结实。

条桌分解示意图

◎冰盘沿起线攒框桌面。

◎牙板与腿做壶门曲线装饰。

◎腿部挖缺做。

◎腿中部饰牙利纹，内线起凸。

❁ 明·黄花梨木高束腰条桌

◎尺　　寸　98.5厘米×48.5厘米×80厘米

◎成 交 价　RMB 187 000

※鉴赏要点　通体黄花梨木质地。四角攒边框镶板心，光素桌面。板心下三条带，贯穿前后大边。冰盘沿下高束腰。壶门牙子边缘起阳线，与腿子交圈。云纹腿使用抱肩榫，通过束腰与桌面相交，内翻云纹足。

❈ 清中期·紫檀嵌珐琅卡子花条桌
◎尺　　寸　144厘米×38厘米×84厘米

※鉴赏要点　光素桌面，四角攒边框镶板心。混面边沿嵌铜丝边线。面下束腰打洼。腿间横枨上，点缀三个珐琅卡子花。腿、枨皆为混面，并嵌铜丝边线。直腿下有珠式足。

❈ 明末·黄花梨书桌
◎尺　　寸　94厘米×94厘米×87厘米

※鉴赏要点　此书桌以黄花梨木制成，桌面四边打槽装板，束腰中心起阳线，四面横枨与牙条之间有两个矮佬，横枨与桌腿饰飞燕形坠角。此桌通体向外均打洼，使其于严整之中又显出玲珑活泼之气。

❈ 清·花梨条桌
◎尺　　寸　52.5厘米×20厘米×85厘米

※鉴赏要点　此条桌通体为花梨木质地。光素桌面，四角攒边框打槽装板。面下为打洼的束腰，牙板中央雕一蝠纹，两侧均为镂雕流云纹，由于"蝠"与"福"谐音，所以构成一幅吉祥图案。腿为方材直腿，雕回纹内翻马蹄。

❀ 清中期·紫榆拐子龙条桌
◎尺　寸　204厘米×50厘米×83.5厘米

※鉴赏要点　腿起宽皮条线，内翻方马蹄，牙板宽硕，镂雕拐子龙图案，面心采用娇黄色桐木，与紫榆框架形成强烈对比，分色效果极佳。

❀ 清初·黄花梨六仙桌
◎尺　寸　82厘米×82厘米×87.5厘米

※鉴赏要点　此桌为黄花梨木制，桌面四边打槽装板，无束腰，牙条呈壶门形，罗锅枨，通体边缘起阳线，内翻马蹄。木质纹理优美，工艺考究。

01
古典家具的种类

🍀 方桌

四边长度相等的桌子称为方桌，方桌有大、小之分，大的称大八仙桌，可坐八人；小的称小八仙桌，较大八仙桌略小。

常见的有一腿三牙方桌、霸王枨方桌和罗锅枨方桌。一腿三牙方桌的侧脚收分较为明显，足端不作任何装饰。桌面四边用材较宽，面下桌牙除横向和纵向外，还在桌角下安一小形牙板，与其他两面桌牙开成135º角，这三个桌牙都同时装在同一条桌腿上，共同支撑着桌面。桌腿有圆形和方料委角形两种，俗称一腿三牙。方桌也有带束腰的，四腿通过束腰支撑

🌸 **清乾隆·紫檀方桌**

◎尺　　寸　　100厘米×100厘米×87厘米

◎成 交 价　　RMB 176 000

※鉴赏要点　紫檀质地，案面攒框装板，横枨浮雕拐子花纹及具有罗可可风格的花卉装饰。用材精良考究，雕琢工艺精湛，包浆亮丽。两横枨有修配痕迹。

🌸 **明·榆木黑漆雕花方桌**

◎尺　　寸　　106厘米×106厘米×85厘米

桌面，四腿的里侧用霸王枨与桌面里的穿带连接。既起支撑桌面的作用，又固定了四足。常见的还有罗锅枨带束腰方桌，是有束腰桌类的一种最普通的做法。凡有束腰家具底足都削出内翻马蹄或外翻马蹄，四足没有侧脚和收分，且都用方腿。无束腰方桌多用罗锅枨加矮佬，个别也有用牙板的，还有用小木条攒接成落曲齿形桌牙的，也很雅观。民国时期方桌多用方腿，还有些做成展腿式。

※鉴赏要点　此方桌具有浓厚的晋作宋元风格，面下高束腰，以两层矮佬分为九格，每格各镶透雕花卉纹绦环板。下承托腮，两个对头透雕卷草花牙连接桌腿及托腮。这种做法在明代后期已比较少见。束腰四角露出桌腿的上节，三弯式腿，外翻羗怯云纹式足。气势超凡，反映了明代晋作家具的风格特点。

❀ 清·硬木嵌螺钿理石八仙桌
◎尺　　寸　93.5厘米×93.5厘米×82.5厘米

◎成 交 价　RMB 12 100

※鉴赏要点　此桌桌面四角攒边打槽，镶装有精美纹理的大理石面板心。面下束腰平直，上下装有托腮。牙板为透雕的梅花纹，并镶嵌螺钿，下沿作曲齿形。展腿上节为方材，镶嵌缠枝莲纹螺钿，下节圆材光素，马蹄外翻。由于石料增加桌子的自重，所以采用宽大的牙板连接腿子，不仅增加桌子的牢固程度，还能更多的显现螺钿的美感。

❀ 清·红木八仙桌
◎尺　　寸　97厘米×97厘米×82厘米

※鉴赏要点　此桌通体为红木质地。光素桌面，冰盘沿下高束腰，双条形开光。直腿内翻马蹄。腿间用短料拼接枨子，雕拐子纹、卷云纹等纹饰，另有玉璧纹卡子花。

❀ 清·黄花梨方桌
◎尺　　寸　长97.2厘米

※鉴赏要点　桌为方形，光素面板。四边以格角榫攒框，框内打槽镶板，并有二带透过桌面的冰盘沿。沿下束腰平直。腿为抱肩榫，通过枨子、束腰与桌角连接。腿间有罗锅式枨子，内翻马蹄足。桌子通体光素无雕饰。有简练明快且厚重沉稳之感。

🌸 圆桌

圆桌是厅堂中常用的家具，通常一张圆桌和五个圆凳或坐墩组成一套。圆桌一般情况下属于活动性家具，常用以临时待客或宴饮。因此，这种圆桌大多为组合式，使用时组装起来，用毕再拆开加以保存。有的圆桌采用独梃立柱式，面下装活动轴，桌面装好后可以来回转动，极适合在厅堂中招待宾客，既方便实用，又美观大方。圆桌分有束腰和无束腰两种，足间或装横枨或装托泥，腿有五足、六足、八足者不等；也有不用腿者，如独梃立柱式，颇富特色。

清代圆桌常常由两张半圆桌拼成，也有整面的折叠圆桌和独腿圆桌等。折叠圆桌在继承传统工艺的基础上又不断改进折叠方式。除交足式的折叠圆桌外，还有一种"活腿折叠圆桌"。这种桌的四足组成三个支撑点，其中两足先以折叠方式固定于面板之下，另两足上部做出榫头，足间连以横枨，其中一足并入先前两足中的一只，也以铰链做成可自由开合的形式。由于圆桌摆放的随意性较强，在等级严格的封建社会中，并非广泛使用。到民国时期，它才成为一种时尚，无论数量及式样皆丰富起来。

❀ 清·红木组合圆桌
◎尺　　寸　110厘米×86厘米

※鉴赏要点　此桌为红木制，桌面内侧裁口，内装两块可活动的半月形面板。牙板上雕精美花纹。六足间以海棠形板相连，既美观，又起到了稳固桌体的作用。

❀ 清中期·红木圆桌、凳
◎成 交 价　RMB 121 000

※鉴赏要点　圆桌配四个圆凳，面下装纽绳纹牙板，五腿间装有透雕饰件，工艺精细，保存完好，适合成套陈设于厅堂之中。

❖ 清·紫檀西番莲纹半圆桌
◎尺　　寸　高86.5厘米

※鉴赏要点　桌面边起冰盘沿，面下束腰上凸雕夔龙纹，牙条雕西番莲，正中垂如意纹方形洼膛肚，两边透雕夔龙纹牙条，桌腿上部雕西番莲，两边起阳线，腿间安有长枨，镶透雕夔龙纹底盘，双翻回纹足。

❖ 清·红木云石面嵌螺钿圆桌
◎尺　　寸　110厘米×80厘米

※鉴赏要点　桌面镶大理石板心，外嵌螺钿，牙板一周镶嵌出美丽的纹饰，三弯式腿，双枨间亦镂雕花纹，下为券口牙子，造型华美。

圆桌分解示意图

◎素混攒框桌面。

◎透雕缠枝纹吊牙、站角牙，这是最典型的中国装饰。

◎柱形桌腿为方材取圆，上饰多道弦纹，下端与三足榫接，这是典型的西式家具的结构与装饰特点。

❖ 清晚期·紫檀面红木腿圆桌
◎尺　　寸　84厘米×87厘米

※鉴赏要点　它采用单腿三足式样，柱形桌腿为方材取圆，上饰多道弦纹，上端承接桌面，下端与三足榫接。光素攒框桌面，周遭环镶透雕缠枝纹吊牙，与腿足上的同类花纹站牙辉映成趣，相得益彰。

炕桌

炕桌、炕案与炕几都是矮型家具，它们既可在床榻上使用，又可席地使用。清代满人在入关前以游牧为生，起居习惯以席地为主。入关后，他们还保留着原有习惯，因而在清代家具中，这类矮型家具占有相当比重。现在北京故宫博物院各宫殿中还大量陈设着这类床、炕家具。它们既可依凭靠衬，又可放置器物，有时也可用于饮宴。炕桌、炕案与炕几的制作手法较大型桌案容易发挥，故形式多样。它们不仅可以模仿大型桌案的做法，还可以采用凳子的做法。

炕桌是用于炕或床上的矮桌。较之炕几、炕案，炕桌略宽，用时放在炕的中间，而炕几和炕案则置于炕的两侧使用。炕桌在北方地区流行，是因为北方民居屋广炕大，形成了人们在炕上活动的生活习俗。明代炕桌广泛使用，最主要的形式是高束腰炕桌，这类炕桌用材以黄花梨木、铁梨木和榉木为主，形体宽矮，结构简练，装饰上可分为古朴型和豪华型两类，后者在装饰上较为考究，体现了明式家具典雅、豪华的风格。

❖ **明·黄花梨雕龙纹有束腰炕桌**

◎尺　　寸　94.8厘米×62.9厘米×29厘米

◎成 交 价　RMB 237 184

※鉴赏要点　此桌通体为黄花梨木质。光素桌面，四角攒边打槽装板，面下有穿带两条，贯穿大边成透榫。冰盘沿下束腰平直，有上下托腮，壶门式牙条浮雕草龙。腿子拱肩处雕龙首，以下三弯腿，足雕龙爪。

❖ **清·黄花梨抽屉式炕桌**

◎尺　　寸　宽80厘米

◎成 交 价　RMB 33 000

※鉴赏要点　桌面攒框装板，下设束腰，四面牙板雕双螭纹，牙板与腿足格角相交处雕兽面纹，四足作兽爪握球形，炕桌正面设一内置抽屉。

❖ **清·黑漆描金炕桌**

※鉴赏要点　炕桌通体髹漆描金，桌面四边描金枣花锦纹地，开光处描金绘折枝花卉。中间长方形面心，黑漆地描金花卉。面沿平直，饰枣花锦纹。沿下四面相连曲边牙条。短料攒接拐子枨。四腿呈重叠宝塔状。牙条以下，皆为描金缠枝花卉。

❧ 清·红木嵌螺钿理石炕桌

◎尺　　寸　81.5厘米×49厘米×29厘米

◎成 交 价　RMB RMB 8 250

※鉴赏要点　此桌为红木质地。桌面为四角攒边框，内沿裁口，镶装有自然形威精美纹理的大理石板心。腿子与桌面沿齐平，为四面平式。桌面边沿及腿上部镶嵌螺钿。展腿上下圆，外翻卷云式足。镂雕子孙万代葫芦牙板。这种造型的炕桌，在清末曾大量出现，常被置于床榻的中间位置使用。

❧ 明·黄花梨高束腰雕花炕桌

◎尺　　寸　105厘米×72.5厘米×27.5厘米

◎成 交 价　RMB 8 250

※鉴赏要点　高束腰式，托腮肥厚，腿足上节露明，下节成三弯腿，圆珠式足，长而宽的束腰装入边抹底部托腮及腿足上截的槽口内。

炕桌分解示意图

◎独特的拐子形腿

❧ 清雍正·紫檀漆面炕桌

◎尺　　寸　96厘米×54.5厘米×35厘米

◎成 交 价　RMB 132000

※鉴赏要点　炕桌髹漆桌面，混面桌沿。以短材作高拱罗锅枨。挖牙嘴式腿，为整料做成，其间透雕云纹，内翻回纹足。在腿、枨间，有随形的抽屉，抽屉脸髹漆镶铜拉手。此桌造型特异，为罕见之物。

◎装饰卡子花

◎透雕小角牙

◎腿脚为回纹马蹄

为形制较小的长方形桌案之一。酒桌远承五代、北宋，常用于酒宴。桌面边缘多起阳线一道，名曰"挡水线"。就工艺上的专业程度而言，专业的酒桌在宋代就已经开始出现了。它的体积不大而便于移动，结构科学、合理而坚固耐用，可以单独用于饮酒或招待客人的其他事宜，也可以和其他桌并在一起使用。基本造型也是分为无束腰和有束腰两种，腿有弯腿、直腿或其他的多种样式。明代的工艺较宋代有所改进，使酒桌在保持自身原有的功能以外，还具有了极高的艺术价值与审美情趣。

❀ 明·铁力插肩榫酒桌

◎尺　　寸　94.7厘米×50厘米×72厘米

※鉴赏要点　攒框装板桌面，牙板与腿做壸门曲线装饰，内翻马蹄足，足上云纹出翘。

◎龙凤纹牙子

◎双横枨

❀ 明·黄花梨石心画桌

◎尺　　寸　107厘米×70厘米×82厘米

※鉴赏要点　此为一件接近标准式的小画桌，颇具神采的是牙头雕有两凤相背，从古玉花纹变出，清新典雅，镂刻甚精。

❀ 明·黑漆剑腿画桌
◎尺　　寸　高85厘米

※鉴赏要点　案面长方形，腿牙为夹头榫结构。两腿侧间装二横枨，四腿外撇，带侧脚收分。剑式腿。通体罩黑漆。

专业的画桌在宋代就已经出现了。它的体积不大而便于移动，结构科学、合理而坚固耐用，可以单独使用，也可以和其他桌具并在一起使用。基本造型分为无束腰和有束腰两种，腿有弯腿、直腿或其他的多种样式。明代的工艺较宋代有所改进，使画桌在保持自身原有的功能以外，还具有了极高的艺术价值与审美情趣。清代的画桌工艺有别于宋、明，却具有自己的独特风格。

❀ 明·柏木小画桌
◎尺　　寸　108厘米×74厘米×84厘米

※鉴赏要点　此画桌柏木制，桌面四边打槽攒边装板，无束腰，横枨与桌面之间有两个矮佬，横枨下与桌腿加透雕花坠角牙，桌腿内缘起阳线，此画桌木质细腻、润泽，有抚玉之感。

琴桌

琴桌与条桌相似，但稍矮狭小，琴桌的式样较多，又多讲究。还有一种被称为"琴桌"的，下部实为一种木架，上托的汉墓空心砖，名为琴砖，可再置琴其上，据说奏琴时会发生共鸣，但所见的琴桌都系一种陈设，以示清雅。专用的琴桌早在宋代就已经出现。明清时期的琴桌大体沿用古制，尤其讲究以石为面，如玛瑙石、南阳石、永石等，也有采用厚面木桌的。琴桌还有填漆戗金的，以薄板为面，下装桌里，与桌面隔出三厘米至四厘米的空隙，桌里镂出钱纹两个，是为音箱。民国时期的琴桌大多无音箱，桌面两端向下翻卷或卷书式，腿足多为案形腿结构。

❀ **明·黄花梨两卷角牙琴桌**
◎尺　寸　118.6厘米×53厘米×82厘米

※鉴赏要点　通体为黄花梨木质地。光素桌面由四角攒边而成。桌面各边与腿子以抱肩榫相交，且面沿与腿子齐平，为四面平式。方材直腿，内翻马蹄足。腿间无横枨，仅用两个翻卷的角牙，交于桌面的大边上，从而起到固定腿子的作用。

❀ **清中期·红木拐子龙纹牙板琴桌**
◎尺　寸　127厘米×53厘米×86厘米

※鉴赏要点　琴桌为红木制成，面下有束腰，牙条下另安透雕夔龙纹花牙。四腿间里口起线，俗称混面单边线。回纹马蹄。做工精细。

个性手绘家具正在流行

现在市面上流行手绘家具，分重色手绘和轻色手绘两种，轻色手绘家具多以白色为底，上面描画花草图案，在床、衣柜、酒柜等大件家具上比较多见；重色手绘家具，更倾向于罗可可风格，家具以原木色、黑色和墨绿色为底，图案富丽堂皇，色彩鲜亮稳重，多在小型家具中流行。轻色手绘家具与简约风格的现代家具搭配非常和谐；重色手绘家具与纯正的欧式古典家具搭配会比较自然。在具体搭配上，欧式风格的手绘家具适合与家中小件搭配，比如挂画、灯件、烛台和工艺品等，但要注意两者间的图案、色彩不要相差太多。另外手绘家具色彩艳度较高，搭配时要注意与墙面或其他家具色彩尽量保持一致，这样才不会因整体效果太乱而埋没了它的风韵。

❀ 清中期·红木琴桌

◎尺　　寸　137厘米×31厘米×81厘米

◎成 交 价　RMB 880 000

※鉴赏要点　此琴桌八足，桌面下卷出勾云纹。卷草纹牙板，外翻拐子形足。有罗可可风格，造型轻盈文雅。

❀ 清·红木琴桌

◎尺　　寸　长115厘米

◎成 交 价　RMB 49 500

※鉴赏要点　此桌通体为红木质地。光素桌面，大边作劈料式双混面，两端弯曲下卷为卷书式。腿间有落曲齿枨子，并雕有流云纹。案形腿结构，但是无档板，只有上下两条稍宽且对称的枨子。腿子不同的部位宽窄有别，并做劈料状，系仿藤制家具的做法。

❀ 清·黑漆琴几

◎尺　　寸　127厘米×49厘米×44厘米

※鉴赏要点　此几通体为木胎髹黑漆。面沿作委角，黑素漆几面，两端连接弧形板式腿。腿上有一圆形开光，其中有灵芝纹装饰，腿下端内翻为卷书式足。整体造型简练、古朴，没有虚华、臃肿的装饰，线条流畅、俊雅。

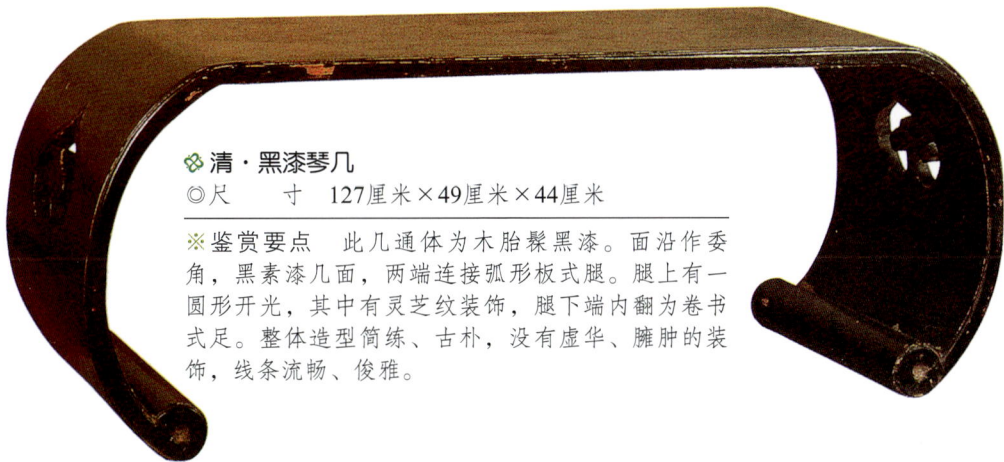

棋牌桌是供弈棋、打牌的专用桌子，多为方形。这种桌子通常为双层套面，个别还有三层的，但不多见。套面之下，做出暗屉，可存放各种棋具、纸牌、骨牌等。暗屉有盖，盖的两面各画一种棋盘。棋桌相对两边的桌侧，各做出一个直径10厘米、深10厘米的圆洞，供放围棋子用，上有小盖。如果不弈棋时，放好上层套面，则如同普通方桌。称之为棋桌，是指它具备下棋等娱乐游戏的功能和条件，实际上，它是一种包括弈棋等活动在内的多用途家具。五代至宋已出现了专用的棋桌，明清时期棋桌已经相当流行。其造法与今天稍有差别，是将棋盘、棋子等藏在桌面边抹之下的夹层中，上面再盖一个活动的桌面。对弈时揭去桌面，露出棋盘；不用时盖上桌面，等于一般的桌子。凡用这种造法制作的棋桌，今天皆名之曰"活面棋桌"。至于桌子的大小和式样，并非一致，半桌式、方桌式都有，还有一种较为特殊的棋桌可以拉开伸展，形成相当于三张方桌大小的长方桌，实际上就是一种折叠式的桌子。民国时期的棋牌桌较为简单，在桌子四边的中间位置分别有一个抽屉，放置钱币或筹码。

🏵 清·花梨木雕花嵌银棋桌
◎尺　　寸　　55厘米×45厘米×15厘米

※鉴赏要点　花梨木制，桌面嵌银，有束腰，牙板雕精美花纹。三弯式腿。

🏵 清·黄花梨方桌式活面棋桌
◎尺　　寸　　长88.3厘米

※鉴赏要点　此棋桌为活面式，棋盘、棋子均被藏在桌面边抹之下的夹层中，上面盖活动桌面。桌面下有束腰，装罗锅枨，直腿内翻马蹄式足。

🏵 清·铁梨木嵌螺钿云石棋桌
◎尺　　寸　　60厘米×55厘米×15厘米

※鉴赏要点　桌面镶云石片，面边沿及牙板镶嵌螺钿，弯腿内翻马蹄式足。

❀ 近代·鸡翅木炕案（清式）

◎尺　寸　145厘米×38厘米×43厘米

※鉴赏要点　此炕案为架几案式，只是形体较矮小，通体光素无纹，造型典雅大方。

❀ 明·黄花梨云头牙子炕案

◎尺　寸　50厘米×22厘米×46厘米

※鉴赏要点　腿部正面打洼，背面裹圆，插肩榫，云头牙板起细阳线。

炕案是矮型桌案的一种，但比炕桌要窄，通常顺着墙壁置放在炕的两头，上面可以摆陈设品或用具。炕案呈案型结构，四足缩进，不在四角。满人在入关前以游牧为生，起居习惯以席地为主。入关后，他们还保留着原有习惯，因而在清代家具中，这类低型家具占有相当大的比重。现在北京故宫博物院各宫殿的床、炕上还陈设着这类家具。它们既可以依凭靠衬，又可放置器物，有时也可用于饮宴。

炕案和炕桌的功用相同，但其使用范围不如炕桌普遍。炕案一般多见于名门大家和富有家庭中，它与炕几同属于比较高档的工艺型家具。而炕桌则为广泛的家庭所使用，结构可繁可简，做工可精可粗，是大众化的通用型家具。

❀ 明·黄花梨炕案

◎尺　寸　长132厘米

※鉴赏要点　此炕案通体为黄花梨木质地。案面两端安装翘头，有别于平头案。案面四角攒边框，内沿裁口镶装板心。抹头较大边宽出许多，便于案面两边安装翘头，牙板是通长的，与腿相交处，雕出有承珠的云头，再与案面大边结合，名为夹头榫结构。腿做混面双边线，四腿下端向外撇出，形成侧脚，从而使器物更加稳重，而且线条也更加流畅，造型更加美观。

条案

条案的做法多为夹头榫结构，两侧足下一般装有托泥。个别地区也有不用托泥的，但两腿之间都镶一块雕花档板，案面有平头和翘头两种。条案是中国古代厅堂陈设中最常见的家具。它有特殊的形制，腿应在两端缩进的位置，腿外侧案面部分称为"吊头"。形体较窄小的条案陈设比较灵活，书斋、画室、闺阁及佛堂等高雅场合更为多见。平头案有宽有窄，有的长宽差距并不大，而翘头案则绝大多数都是长条形。明代翘头案多用铁梨木和花梨木制成，两端的翘头常封堵案面。

❁ **明·黄花梨下卷案**
◎尺　　寸　140厘米×32厘米×41厘米

※鉴赏要点　通体为黄花梨木质地。长方形光素案面。板式腿，卷书式内翻足。腿、面结合部为燕尾闷榫，以至不露榫眼痕迹。此案具备了明式家具的多种特点，在造型方面，它的"几"字轮廓清晰明了。结构、用材方面，黄花梨的板式面、板式腿，结合部的闷榫，以及平装的卷书足，简练而实用。通体没有过多的修饰，给人以质朴之感。

❁ **清乾隆·鸡翅木雕蜂窝平头案**
◎尺　　寸　194厘米×45厘米×86厘米

※鉴赏要点　标准的带托泥平头案。牙板浮雕规则的蜂窝六角纹，两侧券口透空，双面雕蜂窝。式样稳重、端庄，装饰性极强，是典型的乾隆年间作品。

❁ **明·黄花梨卷草纹翘头案**
◎尺　　寸　252厘米×42.5厘米×94厘米

※鉴赏要点　案面两端翘头雕花纹，带束腰，直牙条上雕回纹，牙头雕卷云纹，牙条与腿夹头榫结构，腿与档板一木连作，透雕卷草纹，腿下承须弥式托泥。案面与腿足可开合。此案雕刻繁复精美，特别是腿与档板连作并满饰雕刻，在明代家具中不多见。

❀ 清·红木独板大条案

◎尺　　寸　316厘米×39厘米×112厘米

※鉴赏要点　通体为红木质地。光素桌面，边沿饰双混面灯草线。前后牙子不同。其中一面为实木带牙头的牙板，两条腿上端打槽，夹着牙头与案面相交，属夹头榫结构。另一面则是用短料攒接成拐子纹牙子，并分成三段，中间为券形牙子，两侧为托角牙子，均属挂角榫结构。这种造型、结构大相径庭的做法，尤显奇特。案型腿之间有两条横枨，下枨带券形牙板。四腿向外微微撇出，系仿香炉腿形式。

❀ 明·榉木云头翘头案

◎尺　　寸　223厘米×54厘米×84厘米

※鉴赏要点　通体为榉木质地。案面两端平装翘头。面下牙条与云纹牙头以格肩榫相接于腿子两侧，前后牙板末端以牙堵封堵。腿子作双混面，前后腿之间有云纹档板，腿子下端落在托泥上。此案造型稳重而不失俊秀，华美又不失质朴，当属精品之作。

平头案分解示意图

◎全素牙头、牙板

◎冰盘沿攒框装板案面，面板为独板。

◎圆腿圆枨

❀ 明·黄花梨平头案

◎尺　　寸　180厘米×58厘米×82厘米

※鉴赏要点　此案以黄花梨木制作，木质精美，面板为整块独板，大边硕壮。圆腿，素牙头，腿间带两根横枨。结构为夹头样式，侧脚收分明显。整体光素简洁，为明式家具的典型样式。

❧ 明·黄花梨大画案
◎尺　　寸　214厘米×80厘米×79厘米

※鉴赏要点　通体以黄花梨木制作，案形结体，夹头榫结构，两侧牙头与当中的牙条不仅一木连做，且用一块整料镂出云纹。腿面饰双混面双边线，腿间装双横枨。侧脚收分明显，充分显示了明代家具的气势和风度。

❧ 明·楠木画案
◎尺　　寸　196厘米×70厘米×79厘米

※鉴赏要点　此案楠木制，牙条、牙头与腿用托角榫结构。圆柱腿双横枨，有明显的侧脚收分。通体光素无雕饰，造型简练舒展，稳重大方。

🌼 画案

　　画案是专门用于铺纸作画的一种家具，画案一般为平头案，尺寸较宽大，就是较小型的，也大于半桌，因此画案不属条案类。画案的结构、造型往往与条案相近，只是在宽度上要增加不少。为了便于站起来绘画，画案基本没有抽屉，案面下的空间较为宽阔，既可以坐在案前书写，又可以临案作画。从魏晋南北朝开始，画案渐渐流行。隋唐五代时期的画案多为宽面长体大案。两宋时期，画案主要是托泥高座式，造型简朴大方。明清以来，随着对家具的形体美、做工美的追求，画案的制作和装饰更为讲究。

🦎 木雕装饰技艺 🦎

　　木雕的基本技法有：第一，平雕。平雕是在平面上通过线刻或阴刻的方法表现图案的雕刻手法。常见有三种：线雕、锼阴刻、阴刻。第二，浮雕，也称落地雕。是将图案以外的空余部分（地子）剔凿下去从而使图案凸出来的雕刻方法。第三，透雕。这种雕法有玲珑剔透之感，易于表现雕饰物件两面的整体形象，常用于分隔空间。第四，贴雕。贴雕是浮雕的改革雕法，常见于裙板、绦环板的雕刻。第五，嵌雕。嵌雕是为了解决浮雕中个别高起部分而采用的技术手段，需另外雕出并嵌装在花板上。第六，圆雕。圆雕亦称混雕，是立体雕刻的手法。

❀ 清·乌木漆面画案
◎尺　寸　长125厘米

※鉴赏要点　画案为变体夹头榫结构，造型简洁古朴。案面髹漆，面下穿带小修。

❀ 清中期·鸡翅木漆面夹头榫大画案
◎尺　寸　192厘米×86.5厘米×83.5厘米

◎成　交　价　RMB 660 000

※鉴赏要点　案面平头，牙头雕回纹，与腿夹头榫结构。两腿间施横枨。直腿，足部为云纹双翻马蹄。造型轻颖流畅，颇具观赏性。

画案分解示意图

❀ 清乾隆·紫檀雕博古图画案
◎尺　寸　169厘米×83厘米×84厘米

◎成　交　价　RMB 1 980 000

※鉴赏要点　书案通体为紫檀木质地。光素案面，无束腰。面下券形牙板，有蝠衔磬纹、蝠衔钱纹连接绦环边线，线内浮雕博古图案。几形腿，嵌装档板，绦环内浮雕博古图案，环外有树木花卉。腿内侧镶卷书式足。

◎面板光素，由三块板拼成。

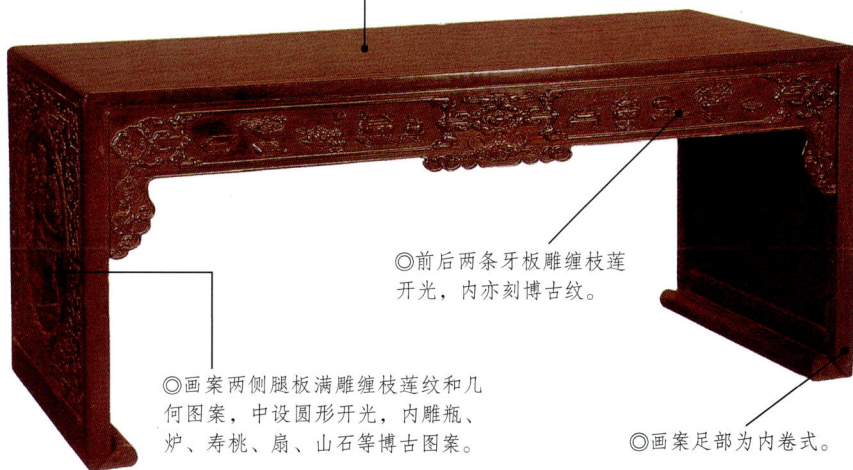

◎前后两条牙板雕缠枝莲开光，内亦刻博古纹。

◎画案两侧腿板满雕缠枝莲纹和几何图案，中设圆形开光，内雕瓶、炉、寿桃、扇、山石等博古图案。

◎画案足部为内卷式。

架几案

架几案是清代常见的家具品种，现存明代历史资料尚未见架几案的形象，因此说架几案应是入清后才出现的新品种。架几案一般形体较大，其上可摆放大件陈设品，殿宇中和宅第中厅堂常摆设这种家具。它的形制与其他家具不同，由两个特制大方几和一个长大的案面组成，使用时将两个方几按一定距离放好，将案面平放在方几上，"架几案"由此得名。架几案主板较厚，是为了适应承重的需要，放置盆景、山石、雕塑和自鸣钟等器物。架几案开始盛行是在入清以后，在南方，体型超大的架几案还被称为"天然几"。自清末到民国时期的架几案，通常在几上加装屉板或抽屉。

❀ **清·红木架几写字台**

◎尺　　寸　　85厘米×53厘米×123厘米

※鉴赏要点　写字台通体光素，台面为一板独作，用料宽厚。左右架几上各有两屉，共有四具抽屉，屉上带"U"字形铜拉手，原配锁，做工精细。抽屉口起一周灯草线，简洁明快，放置书房之中更显雅静。

❀ **近代·紫檀架几案（清式）**

※鉴赏要点　此架几案为清式，面板打磨光亮。几用圆材，裹腿劈料作，几上部、下部各装膛板，直腿圆足，腿下安罗锅枨。案面为攒框镶板作，有提水线。

❀ 清中晚期·红木架几案
◎尺　　寸　310厘米×48厘米×99厘米

※鉴赏要点　架几案是明末清初出现的品种，讲究的以一块独板作面，两端用两个方几支撑，摆在较大的厅堂中，倍增雅趣。此案为红木制，方几为两个，上呈板面。方几四面平式，面下饰透雕绳纹拱璧，中间带屉，足下有横枨，镶透棂屉板。

❀ 清·紫檀云蝠纹边架几案
◎尺　　寸　385.5厘米×52厘米×95厘米

※鉴赏要点　此架几案案面侧沿雕云蝠纹，面下有两个架几，架几有束腰，透雕云蝠纹，几壁有勾云形开光，开光透雕蝙蝠、寿桃等纹饰，实用性强，造型洒脱大方。

作伪古家具包浆的鉴识

　　第一，观察木材纹理，色泽是否自然。木材若有修配，在纹理及色泽或多或少地都会存在差异；另外，修配及作伪都要染色，观察色泽是否是浸染所致。第二，注意表面风化程度。家具使用条件不同，其风化程度也会不同；另外，同样一件家具，靠墙面和正面、上面和下面都会存在风化差异，观察这个差异是否自然，如有人为痕迹就要小心。木材的风化是长期使用的结果，木材表面因纹理而产生的软硬不同，故风化现象随之产生；形象一点讲，如果把自己的眼睛当做放大镜，就可以理解貌似平面的木材风化现象。第三，注意接缝、拐角等连接处的细部。这一点也十分重要，许多作伪家具多搁几天，就会出现收缩，露出新茬的地方是作伪者无法顾及到的。

🌸 炕几

炕几始于宋代，从其发现和考证的情况来看，炕几在当时还不是很普及。从明代开始，炕几渐渐盛行。明清两代炕几的使用非常普遍，而且有很大的讲究。它主要流行于北方地区，尤其适合于深宅大院室内设置的大木炕床。

明式炕几一般都注重材料的合理使用，造型简洁而无过多的装饰，既实用又坚固，和元代炕几相比较已经有了很大的发展。而清式炕几与清式家具的特点是一致的，即崇尚华丽繁缛，用材厚重而富于变化，装饰性很强。另外，清式炕几在结构上较明式炕几更为复杂。

炕几一般由三块厚板直角相交，几面呈长方形，足底有的平直落地，有的向内或向外兜转，往往形成卷书状。其两端立板或光素，或开光，或雕花纹。炕几和炕案只是形制不同，长短大小则相差无几，具有几型结构的是炕几，具有案型结构的是炕案，它们都比炕桌窄得多。人们通常将炕几顺着墙壁置放在炕的两头，上面可摆陈设品或用具。北方一般家庭则将被子叠好后放在其上。

🌸 清晚期·剔犀黑漆如意云纹炕几
◎尺　　寸　83厘米×51厘米×32厘米

※鉴赏要点　几面及牙板满雕如意云纹，鼓腿膨牙，足下装托泥。整体造型比较高雅华美。

🌸 清·红木大理石炕几
◎尺　　寸　156厘米×34厘米×32厘米

※鉴赏要点　这是一款造型较为特殊的家具，牙板处制成横枨形式，嵌三块大理石。两端做成很深的下卷，为仿古代板足而制。四足呈稳重的方马蹄造型。通体别致而富有观赏性。

🌸 清·紫檀长方小几
◎尺　　寸　34.4厘米×15.5厘米

※鉴赏要点　几面光素无纹，面下高束腰，雕出卷云纹牙条。腿下踩长方形托泥，带龟足。

❀ 清乾隆·鸡翅木嵌瓷板小几
◎尺　　寸　　34.6厘米×29厘米

❀ 清·红木镶影木面炕几
◎尺　　寸　　高33厘米

◎成 交 价　　RMB 7 150

※鉴赏要点　　此炕几为红木质地。几面四角攒边框，内沿裁口，镶影木面心。普通桌案的面板是平直的，而此几则与之不同，由于几腿向两侧膨出呈圆弧状，几面边沿抹头，也随腿形成为坡面，坡面的长度与面沿的厚度不一，使得与腿相交的格肩角度出现偏差，因而增加了制作的难度。面下沿起阳线，与腿交圈。牙板以镂空的寿字为中心，向两侧镂雕拐子纹。由于腿子的弧度过大，木料的纤维组织易受损，所以，腿子与其内侧的牙子，为一木连作，也镂出拐子纹。这样，使腿子去掉了臃肿，增加了秀巧，从力学的角度看，也是非常必要的。腿足雕出卷书式内翻足。

❀ 清·紫檀书卷几
◎尺　　寸　　61厘米×31厘米

※鉴赏要点　　几面光素，卷书式足，几面与腿足呈自然相连状，形制可爱。

茶几

茶几一般以方形或长方形居多，高度与扶手椅的扶手相当，用以放杯盘茶具，故名。它是由明代的长方形香几演变来的，传世的大量实物中，多为红木、花梨木制品，未见有年代较早的。显然，茶几是一种清式家具。一般来讲，茶几比香几矮小，但更玲珑精致，有的做成两层式，比较容易与香几相区别。清代茶几较少单独摆设，往往和扶手椅成套放置在厅堂两侧，其造型、装饰、色彩与坐椅相一致，这也是区别清代茶几和香几的一个重要方面。另外，茶几足间带有一层屉板，可以放杂物。茶几在民国时期更为盛行，有嵌大理石的，也有嵌螺细的。

❀ **清中期·红木四合如意纹收腿式方茶几**
◎尺　　寸　43.5厘米×43.5厘米×82.5厘米

※**鉴赏要点**　此茶几以红木制作，冰盘沿面下设高束腰，束腰下托腮浮雕缠枝莲纹，下装拐子龙纹花牙。拱肩展腿，外翻卷草足。腿间安四面平管脚枨，内镶板心。

❀ **民国·红木雕花茶几**
◎尺　　寸　48厘米×48厘米×77厘米

※**鉴赏要点**　红木系俗称，学名应为酸枝木。此方几用材厚重，颇显稳重大方。面沿作泥鳅背式，束腰正中饰灯草线，直牙条，浮雕螭纹。四腿展腿式外翻兽头纹马蹄。展腿之间饰螭纹、拱壁纹，足间装四合如意纹底屉。

❖ 近现代·黄花梨茶几（清式）

◎尺　　寸　49厘米×32厘米×76厘米

※鉴赏要点　此对茶几通体为黄花梨木质。分两层，上层几面光素，四角攒边框，打槽装板。下层在横枨上裁口装板。上下两层均雕有云纹牙子，并与边枨一木连作。腿分两节，为展腿式，上节足部雕花，下节内敛，足为外翻马蹄。

❖ 清·红木雕花嵌理石茶几

◎尺　　寸　长49厘米

◎成 交 价　RMB 5 280

※鉴赏要点　几面四边框内侧，均为弧形，裁口装银锭形大理石面。面下为打洼的束腰，上下有托腮。洼膛肚式牙板，正中浮雕一篆体寿字，两侧各一团寿。腿与牙的格肩处雕蝠纹。腿分两节，为展腿式，上节雕蝠衔团寿纹饰，内翻足；下节收敛，外翻卷云式足，腿间有一高碰头枨子，枨子下沿为曲齿形，上侧内沿裁口，装光素樘板。

❖ 清早期·红木四合如意纹收腿式茶几

◎尺　　寸　长47.5厘米

※鉴赏要点　红木制，束腰下托腮，雕如意纹。腿足内收，足间为四面平管脚枨，外翻式足。

香几

香几是为供奉或祈祷时置炉焚香用的一种几，也可陈设老式表盒。香几的使用大多成组或成对，佛堂中有时五个一组用于陈设五供，个别也有单独使用的。香几有圆形、方形双环、套方等多种形式，腿足一般弯曲得较为夸张，形制多为三弯腿，整体外观似花瓶。不论在室内还是在室外，香几多居中放置，四无旁依，应面宜人欣赏，体圆而委婉多姿者较佳。

香几的式样很多，有高矮之别，有的不专为焚香，也可用来摆放各式陈设、古玩之类。

❧ **明·黄花梨木三弯腿大方香几**

◎尺　寸　高88厘米

※ **鉴赏要点**　此香几用料毫不吝惜，腿上半部四分之一处做一停留，内敛径达10厘米，然后顺势而下，迅速变细，至足内翻球，足外饰卷草，蹬踏有力。牙板与束腰一木连作，浮雕卷草纹，柔婉肥硕，四角仿雕铜包角纹，颇为新颖。

❧ **明·黄花梨荷叶式六足香几**

◎尺　寸　73厘米×50.5厘米×39.5厘米

※ **鉴赏要点**　几面为荷叶式，两层高束腰，双层绦环板和托腮，上层透雕卷草纹，下层开鱼门洞，牙子分段相界，雕成花叶形，覆盖拱肩，雕工精美，做工考究。

❈ 清·描金香几
◎尺　　寸　　68.6厘米×102.2厘米

※鉴赏要点　几面下打洼束腰，拱肩处描金雕纹饰，下承须弥式底座。

❈ 清初·填漆戗金香几
※鉴赏要点　此香几为双几并联式，几面填漆戗金，束腰下托腮及牙角上均雕花卉纹，足底承双环套连式托泥。

❈ 清乾隆·紫檀四方香几
◎尺　　寸　　高82厘米

※鉴赏要点　几面方形，光素无纹饰，四角攒边镶板。束腰打洼。四面皆有券形雕龙凤呈祥及云纹的牙子。腿、枨内侧有交圈阳线，方材直腿，内翻马蹄足。足下承接托泥。

❀ 清·红木雕龙弯腿香几

※鉴赏要点 此香几为红木制，几面下高束腰，镶绦环板。束腰下有托腮，锼出云纹花牙，三弯展腿，外翻云头形足，腿间为罗锅枨。

❀ 清·嵌螺钿香几

◎尺　　寸　39.5厘米×39.5厘米×43.5厘米

◎成 交 价　RMB 121 000

※鉴赏要点 此香几通体漆地嵌螺钿。面做曲齿边沿，加拦水线，面下高束腰，加上下托腮，中间开光。鼓腿膨牙，牙为花叶形，腿足外翻，向上卷起。托泥亦如几面形，上下呼应。其中螺钿绚丽异常，嵌法各有不同，有各种花叶组成的锦纹地，也有亭台楼阁、人物、绿松、奇石和各种花卉等，图案内容十分丰富。

❧ 中国漆家具的发展 ❧

　　中国古人使用漆的历史很长，河姆渡文化就发现了原始漆器，距今已经7000多年了。漆的本色单调，呈深棕色，反复髹饰后漆层加厚，近乎黑色。如在漆中加入朱砂，则呈朱红色。战国至汉代的漆器大都是黑红两色。元代以后，漆制家具开始增多。进入明朝以后，尤其明中叶，剔犀、剔红、剔彩、款彩、彩绘等工艺大量使用在漆家具上。漆制家具工艺复杂，厚漆类家具纹饰都以刀刻划出，纹饰类有剔犀，也称云雕；图案类有剔红山水亭台、花卉鸟兽，这些都是在反复髹成的厚漆上雕刻；款彩则不然，披麻挂灰后髹漆，在灰层施以刀刻，然后再填以彩漆，构成图案；彩绘与上述工艺不同，不用刀刻，用笔绘制，表现力尤为丰富。清代大漆家具在北方黄河流域流行。大漆家具与晚清以后的擦漆工艺截然不同，表现力也不同。大漆家具以表现漆的美感为目的，完全放弃木材的表现力，在制作好的家具上披麻挂灰，厚者可达数毫米，然后再在打磨后的灰胎上髹漆，反复数道甚至十数道，以凝重的色调取胜。而擦漆家具要兼顾木材纹理的表现力，透明的漆下还有木纹显现，所以髹漆较薄，也有挂灰。

套几

套几是清代制作得十分有特色的家具。几面呈长方形或方形，套几可分可合，使用方便，一般为四件套，同一式样的几逐个减小，套在上一个腿肚内，收藏起来只有一个几的体积，其他小几套在其中，故名"套几"。

套几以苏作为多，深受文人雅士的喜爱，因其便于陈设，至今在外销中仍很受欢迎，是中国家具的传统产品之一。

❧ 清晚期·红木四联套几

◎尺　　寸　52厘米×36厘米×65厘米（最大几）

◎成 交 价　RMB 16000

※鉴赏要点　几面为攒框落堂装板，面板下装云纹牙板。面板与腿足间为棕角榫结构，直腿内翻卷云纹马蹄。腿足间安罗锅枨。

❧ 近现代·红木雕云蝠纹套几（四件）

◎尺　　寸　高72厘米（最大几）

※鉴赏要点　此套几为红木质地，一组四件，造型相似。通体雕饰龙纹。几两山抹头及前后枨子内侧有较深的裁口，面板嵌入后，四周形成拦水线。其中三件为三面罗锅式管脚枨子，两侧为券口牙子，前脸只能用直牙条，皆为二龙戏珠纹饰。最小一件为四面齐头碰罗锅枨子，四周皆有券口牙子，如此便于套装，使四件合为一体。

漆几

从出土的大量实物可知，早在春秋时期，中国已经有了漆几。在汉代，漆几的工艺水平达到了很高的水平。到了魏晋时期，漆几在装饰上出现了莲花、飞天等纹饰。到了宋、明的时候，雕填工艺将漆饰家具发展到了顶峰。清中期以后，制作家具的工匠充分发挥了雕、嵌、描绘等技法，出现了稳重华丽的清式漆几。

❀ **清·螺钿曲水流觞图漆几**
◎尺　　寸　长62厘米

※**鉴赏要点**　漆几案面采用嵌螺钿的工艺技法，描绘《曲水流觞图》，小桥流水，亭台楼榭，树木掩映，构图优美，图案丰富饱满，意境深远。沿板及牙板都经细工雕饰，面下高束腰棱子形透空开光，周围饰嵌螺钿花纹，外翻足，整体装饰精美华丽，富于变化，美观实用，给人以清新隽永的美感。

判断木雕的收藏价值

木雕作品要从三方面判断价值：第一，作品本身在时空点上与历史事件是否有过碰撞，如果那件木雕作品有故事、有渊源，打上了历史的烙印，自然收藏价值就高。第二，木雕要随形就势，依据材料本身特有的天然形状或纹理方向，巧加雕琢，七分天成，三分雕刻。第三，保存的品相很大程度上会影响木雕作品的价值，因为木雕很容易造成磨损、脱落甚至爆裂，保存比较困难，而且对保存环境的温度、湿度和通风情况也都有很高的要求。

❀ **清中期·描金彩画桃蝠纹方胜形几**
◎尺　　寸　45厘米×25.7厘米×14厘米

※**鉴赏要点**　此几为方胜形，几面彩画桃蝠纹。面沿饰描金回纹。有束腰，束腰上描金连续纹饰，直腿内翻马蹄，下踩圆珠，腿足及托腮上描金番莲纹。足下踩方胜形托泥，有龟足。

🌼 花几

花几又称花架或花台，大都较高，是一种高几，专门用于陈设花卉盆景，多设在厅堂各角或正间条案两侧。花几出现在五代，自宋元时期开始流行，明清时期更为上层社会所喜用，是装点门面、追求高雅的必需品。花几制作用料十分讲究，上品皆取自花梨木、紫檀木等名贵木材；造型上则崇尚高雅舒展，尤其是腿足的设计甚为精巧；装饰上除常见的烫蜡、髹漆和雕刻花纹图案外，还采用雕填、戗金和包贴等手法，特别是骨珠玉石类的镶嵌艺术更为豪华，如几面嵌大理石、歧阳石、美玉和玛瑙，有的还嵌以五彩瓷面或楠木。嵌料的形状依几面而变化，如多角形、方形、梅花、如意和圆形等，十分醒目。花几中还有一种高花几，花架大都较高，通常在100厘米以上，有的甚至达170厘米～180厘米。明代未见有这种细高造型的几架，可能到清中期以后才出现，清代晚期绘画及版画插图中屡见描绘。目前这类传世高花几，绝大多数系酸枝木制成，时代都在清晚期至民国时期。

❀ 清·花梨木花几
◎尺　　寸　51厘米×39.4厘米×85厘米

※鉴赏要点　此花几为花梨木制作，通体光素无纹，有束腰，腿间管脚枨为罗锅枨。

❀ 清·紫檀雕云龙方花几
◎尺　　寸　高96厘米

◎成 交 价　RMB 100 100

※鉴赏要点　此花几通体为紫檀木质地。光素几面为四角攒边框镶装三拼板心。面下高束腰，浮雕变体回纹，上下有肥厚的托腮。四腿间均有镂雕云龙纹券口牙子。直腿内侧起阳线，内翻回纹马蹄，落在方形托泥上。托泥为劈料式，并与足一木连作。

❀ 清·楠木雕梅花纹花几
◎尺　　寸　高91.5厘米

※鉴赏要点　此花几通体为楠木胎髹漆。圆形几面，面心板微微隆起混面边沿，面下为打洼束腰。鼓腿膨牙，腿子中部缩进，至足部翻出成三弯腿，四腿间有十字交叉的枨子。腿及牙板均雕有梅花图案，牙板为透雕，腿为浮雕直至足部。花几通体雕龟背锦纹漆地，又运用浮雕、透雕等多种技法作装饰。通过腿子的弧度，可看出其用料超大。

古典家具的种类

储藏类家具主要包括橱柜类家具。汉代储藏类家具出现了区别于箱笥的专供贮藏用的橱、柜等新型的家具。橱的形体与案相仿，有案形和桌形两种。柜是指正面开门，柜膛装屉板，可以存放多件物品的家具。门上有铜饰件，可以上锁。柜和橱的区别在于，柜的形体较高，有对开的门；橱的形体较小，在橱面之下有抽屉。两晋以后又有了"厨"这个名称。它是一种前开门的具有多种用途的家具，可供存贮书籍、衣被和食品等物。这种厨的出现与汉代的"几案"不无联系。格和厨最初是为存放食物的，随着这类家具的普及，用途也逐渐扩大，出现专用的书橱、衣橱等。明代的橱柜形制很多，一般形体较高大，大体分横式和竖式立柜两种。竖式立柜较典型的有亮格柜、圆角柜等。横式立柜也称矮柜，高不过宽的立柜通称为矮柜，包括钱柜、箱柜。

❀ 战国·漆箱

❀ 汉·漆箱

❀ 唐·经匣

书箱

　　箱子是存贮家具品类中重要组成部分，在汉代就出现了。书箱作为存放书籍，具有外出携带方便的功能。因此，这一家具也成了有知识、有身份的象征。书箱便于搬运，所以整体上显得十分灵巧，但最初的书箱较笨拙。直至明清，书箱的工艺才显精美实用。

明·黄花梨小衣箱
◎尺　　寸　59厘米×31厘米×25厘米

※鉴赏要点　通体为黄花梨木制，正面有黄铜饰件及拍子，四角包铜，两侧装提环，全用黄铜制成。所有铜饰件均采用平卧法起槽安装，饰件表面与箱体表面溜平。箱盖与箱体之间有籽口，外口起压边线。做工考究，堪称明式家具精品。

明末清初·紫檀衣箱
◎尺　　寸　49厘米×30厘米

※鉴赏要点　此衣箱用优质紫檀木制成，造型简洁素雅，无花纹装饰。边、角包镶铜面叶，两侧饰有铜环。用料讲究，制作工艺精美细致，具有明代风韵。

明·黄花梨书箱（三件）
※鉴赏要点　箱用黄花梨木制成。其中最大一件，前后箱壁两端挖出燕尾式槽，箱堵两端出燕尾式榫，组合后的燕尾榫清晰可见。与盖接口处，上下均镶口条，开出子母口。券形箱底，留出通风口，易于隔潮。箱两侧装铜制环子，正面方形面叶与拍子都为素面。另外两件箱子，皆为燕尾式闷榫，以至不露榫眼痕迹。为使之牢固，在前脸两边或箱底都加装了铜制包角。

衣箱

　　主要是用于存放衣物的箱子。传统衣箱一般为板式结构，上有盖，正面有铜饰件。这类箱子由于经常搬动，为了坚固起见，多用铜面叶包裹箱盖四角，饰铜质云纹包角；正面饰铜面叶和如意云纹拍子，可以上锁。通常正面对开两门，内安抽屉数个，顶上有盖，后壁安合叶，将两侧及正面两门的上边做出子口，箱盖放下时正好扣住两门。箱下安底座，门有面叶，盖有拍子，两侧有提环，均铜质。不同时代的衣箱，工艺各不相同。

官皮箱是一种旅行用的贮物小箱，形体较小，但结构复杂，是从宋代镜箱演进而来的。其上有盖，盖下约有10厘米深的空间，可以放镜子，古代用铜镜，里面有支架，再下有抽屉，往往是三层，最下是底座，是古时的梳妆用具。打开箱盖，内有活屉，正面对开两门，内安抽屉数个，柜门上沿有子口，顶上有盖，后壁安合页，将两侧及正面两门的上边做出子口，箱盖放下时正好扣住两门。关上柜门，盖好箱盖，即可将四面板墙全部固定起来。两侧有提环，多为铜质。箱的正面有锁具，要开箱就必须先打开金属锁具，后掀起子母口的顶盖，再打开两门才能取出抽屉。

官皮箱适合存放一些精巧的物品，如文书、契约和玺印之类的物品。这种箱子除为家居用品之外，由于携带方便，常用于官员巡视出游之用，所以被称为"官皮箱"。它流行于明末清初时期，到清末民国时由于洋货充斥，官皮箱则少有人问津了。

✿ 明·黄花梨素官皮箱

◎尺　　寸　33厘米×28.6厘米×33厘米

◎成 交 价　RMB 22 000

※鉴赏要点　器形硕大端庄，浑身光素，开启后有抽屉。黄花梨木纹美丽，抽屉制作精致。保存状态良好，包浆光亮。

✿ 清·黄花梨镶白铜官皮箱

◎尺　　寸　高53.3厘米

◎成 交 价　HKD 258 750

※鉴赏要点　该官皮箱形体硕大，正面对开门。通体装饰有白铜件（铜、镍、锌三种金属的合金），既加固了箱子，又增添了华贵之感，精美实用。

❀ **清・剔彩缠枝花卉蝠纹官皮箱**

◎尺　　寸　39.5厘米×33厘米×45厘米

※**鉴赏要点**　此官皮箱盖内为一浅屉。正面对开门。箱盖、门上安铜饰件，箱体两侧装铜提手。下有座台，底边锼出门式曲边。箱盖、对开门、箱两侧皆为剔红浮雕番莲纹。底台托腮上饰连续如意云纹。

官皮箱分解示意图

❀ **明・黄花梨官皮箱**

◎尺　　寸　32厘米×23厘米×32厘米

※**鉴赏要点**　通体为黄花梨木制，上开盖，打开上盖，内有一浅屉。正面对开两门装抽屉，左侧两个，右侧一个，下层装一个大抽屉。箱外两侧有黄铜提手，箱门正面有铜质面叶吊牌纽头，亦用黄铜制成。箱盖与箱体的一侧还安有铜链，是防止箱盖打开时不致后翻过大。为古代官员出行时携带文具或梳妆用具之用，俗名"官皮箱"。

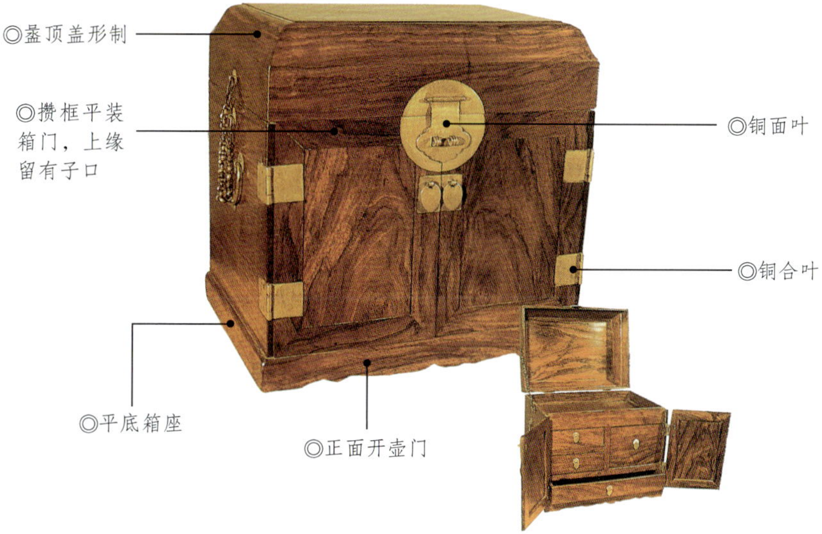

◎盝顶盖形制

◎攒框平装箱门，上缘留有子口

◎铜面叶

◎铜合叶

◎平底箱座

◎正面开壶门

🌸 百宝箱

　　百宝箱也称首饰箱（或首饰匣），制作精美，主要用来存放金银首饰、珠宝等贵重物品。但因为百宝箱的大小不一，灵活多样，所以也有着多种功能，是具有很多用途的特殊箱子。正面对开两门，内安抽屉数个，明代时这类小箱很常见，清代也很普及。而且明、清两代多使用凸嵌法对百宝箱进行装饰，即有素漆百宝箱或各种质料的百宝箱，根据纹饰需要，雕刻出相应凹槽，将嵌件粘嵌在家具上，使纹饰显出强烈的立体感。

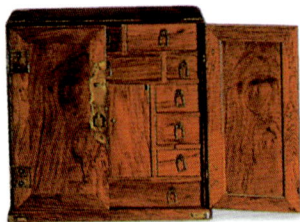

🌸 **清·红木雕云龙纹文具箱**
◎尺　　寸　高50厘米

※鉴赏要点　此文具箱为红木制，通体雕云龙纹，颇有雕漆器的感觉。上层呈梯形结构，有两个小暗抽屉，下面的柜门满雕云龙纹。此文具箱造型别致，十分难得。

🌸 **清早期·黄花梨百宝箱**
◎尺　　寸　长34厘米

※鉴赏要点　此百宝箱为黄花梨木制，正面对开两门，内安抽屉数个，箱下安底座，抽屉门上的铜拉手和门叶上的铜面叶使人耳目一新，门叶上可以上锁。此箱从外表看古朴简练，打开门又有功能齐全、方便实用的感觉。

🌸 文具箱

　　文具箱主要是用来存放文房用品的箱子，一般形状不大，便于携带。现在所保存下来的各种文具箱，大多是明清以来的文具箱式样，同时也包括了民间自制的比较粗糙实用的箱型。文具箱一般选用紫檀木、花梨木等材质，做工多倾向于脱俗的风格，但也有文具箱就地取材，因地制宜，造型简朴，经济实用，具有强烈的文人雅士气息和鲜明的地方特色。但为了更方便，一些匠师也别出心裁，将文具箱内添置许多小插盒，便于将文房用具分类存放和保管，而且大小不一，形式多样。

🌸 **清·红木竹节文具箱**
※鉴赏要点　此文具箱为仿竹节造型，上有四个抽屉，配瘿木，整体造型精巧可爱，包浆亮丽。

其它箱匣

冰箱是古人冷存食物之用，内有若干层，可置冰块、食物。箱下有箅子。药箱一般较小，作为存放常用药物之用。提盒即食盒，是多层合一，上有提梁的长方形箱盒，是一种提取运送食物的专门器具，可分为大、中、小三种形式。还有在箱盖里面装上镜子，即为"梳妆匣"或"梳妆箱"。

❀ 明·黄花梨轿箱

◎尺　　寸　74.9厘米×14.3厘米×17.2厘米

◎成 交 价　USD 9 560

※鉴赏要点　轿箱采用黄花梨木板材制作。为使之牢固，在有榫卯结构的角的位置，都有铜叶包角。前脸中部镶铜制拍子、曲曲、扣吊。箱底缩进，呈反向的凸形，是为了随轿子之形。

❀ 明·黄花梨木半匣

◎尺　　寸　40厘米×24厘米×18厘米

※鉴赏要点　此半匣以花梨木制，整体无雕饰，充分显现出黄花梨木质的美丽纹路，饰以铜面叶及拉手、铜包边、角，更显出和谐、大方。

❀ 清·柏木冰箱

◎尺　　寸　高72厘米

※鉴赏要点　此冰箱为柏木制，造型似斗，腰部设四提手，两竹节铜箍，使造型看起来不至于单调。冰箱座有束腰，鼓腿膨牙，内翻马蹄坐在托泥上，给人以沉稳有力的感觉。

❀ 明·黄花梨六方盒

◎尺　　寸　30.8厘米×38.5厘米×23.6厘米

◎成 交 价　USD 9 560

※鉴赏要点　通体光素，盒呈六方形。六边中有相隔的三边作燕尾槽，另外三边作燕尾榫。顶板为盒的外径，底板为盒的内径。组装后，在盒的上方约三分之处将盒子锯开，形成盒盖。盒正面镶有铜制素面圆拍子、如意云头形扣吊。相对的一面装有合叶。此盒为存放帽子之用。

❀ 清·紫檀提盒
◎尺　　寸　长32厘米

※鉴赏要点　此提盒通体为紫檀木制，用料整齐，纹理优美，线条圆转流畅，连盖共四层，长方形底座，两侧立有站牙抵夹。

❀ 清·紫檀百宝嵌提箱
◎尺　　寸　38厘米×18厘米×29厘米

◎成　交　价　RMB 39 600

❀ 明·黄花梨药箱
◎尺　　寸　34厘米×27厘米×35厘米

※鉴赏要点　箱身通体为黄花梨木制，平角立方式，正面有白铜面叶及扣吊，两侧有铜提环。前设活插门，内装八具抽屉，心形吊牌，抽屉大小不等，高低错落，可根据需要存放不同大小的物品。此箱的独特之处在于色彩、纹理非常一致，显系一块整料做成。明代匠师们最讲究一木一器，即一件家具用一块整料制成，这样的家具不仅色彩、纹理一致，且木性一致，不会因材性不同而出现开裂变形现象。

🌸 橱

橱是案与柜的结合体，形体与桌、案相仿，上面是桌、案的样子，面下有抽屉；下部是封闭的，有炕橱、闷户橱及三联橱等形制，兼有案、抽屉和闷仓三种功能，是主要用于收藏日常衣物用品的家具，民间使用较多。桌面下安抽屉，两屉称联二橱，三屉称联三橱，大体还是桌案的形式，只是使用功能上较桌案发展了一步。闷户橱是具备盛放物品和储藏物品双重功能的家具。闷户橱与三联橱的区别是：闷户橱的抽屉下面有闷仓，没有能开启的两扇门；柜腿与柜面相交，上下不垂直，为上小下大，有"侧脚"。

❀ **明·铁梨木独板二屉闷户橱**
◎尺　寸　107厘米×40厘米×89厘米

※**鉴赏要点**　案形结构，设抽屉两具，屉面上开光，贴雕花券口。壶门光素，腿与橱面拐角处装卷叶纹托脚牙。四腿外撇，侧脚收分。此造型为典型的明式风格。

联二橱分解示意图

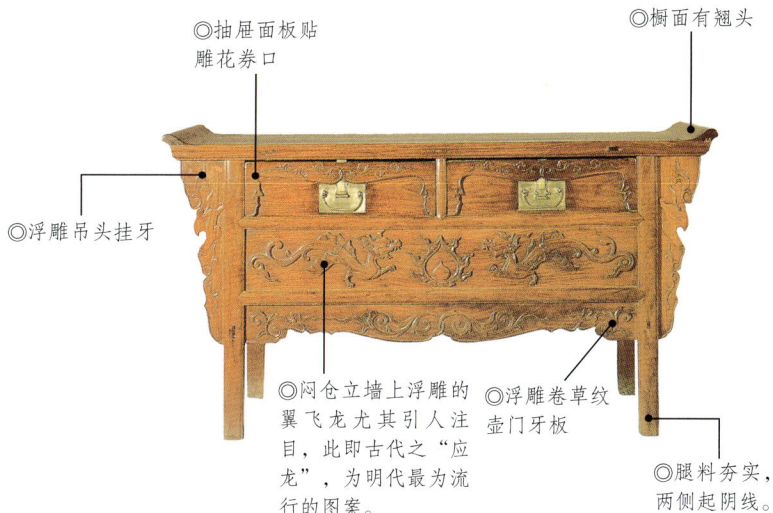

◎抽屉面板贴雕花券口

◎橱面有翘头

◎浮雕吊头挂牙

◎闷仓立墙上浮雕的翼飞龙尤其引人注目，此即古代之"应龙"，为明代最为流行的图案。

◎浮雕卷草纹壶门牙板

◎腿料夯实，两侧起阴线。

❀ **明·黄花梨雕草龙纹联二橱**
◎尺　寸　199.5厘米×52.5厘米×86.5厘米

◎成 交 价　RMB 330 000

※**鉴赏要点**　此橱面攒框镶板，三条带以透榫贯穿前后大边，承托板心。橱面两端平装翘头，向外翻卷。冰盘边沿。无束腰。腿子直抵橱面。两条横枨以格肩榫交于腿子中部，枨上矮佬居中，两侧各一抽屉，抽屉脸雕出壶门形线条及卷草纹，装铜制素面拍子、插销、拉环。双横枨间有雕草龙纹、火珠纹的绦环板，是橱柜的暗仓部分。枨下为壶门牙板，雕卷草纹。在腿子外角有曲齿边卷草纹托角牙。腿下微微外撇，带侧脚收分。

橱柜

橱柜是一种兼具柜和橱两种功能的家具，等于在橱的下面装上柜门，具有橱、柜及桌案三种功能。橱柜的高度相当于桌案，柜面可作桌案使用。面下安抽屉，抽屉下安柜门两扇，内装樘板，分为两层。门上装铜饰件，可以上锁。明清两代的橱柜种类很多，在做工、特点和风格上与桌案一样，分桌式和案式两种。桌式橱柜都没有侧脚和收分，或有侧脚也不明显。案式橱柜的板面长出橱身的两山，四框的立柱和腿足皆一木贯通，有明显的侧脚和收分，分为平头和翘头两种。不论桌式也好，案式也好，在明清两代居室陈设中，都是很普遍的家庭用具。民国时期橱柜的轮廓和基本结构无多大变化，只是抽屉或门的数量较前多了，腿多无侧脚。

❀ **明·黄花梨联三柜橱**
◎尺　寸　215.5厘米×60.5厘米×91厘米

※鉴赏要点　案形结构，橱面两头翘起，面下两端与橱身相连部有花牙。橱面下设三个抽屉，装白铜拉手、插销及锁鼻。抽屉下为柜，对开两扇门，门旁有可装卸的余塞板。四腿外撇，侧脚收分。此柜橱有桌案和柜两种功能，既可储物，又可作桌案使用。

❀ **清中期·黑漆高浮雕花鸟葫芦万代四门六屉柜**
◎尺　寸　135厘米×50厘米×65厘米

※鉴赏要点　无束腰桌型结构，通体罩黑漆。两上角各对开二门，中间立栓。镶铜制合页、面叶、拉手。中间浮雕花篮、石榴，两侧绦环板为寿桃、绶带鸟纹。另有六具抽屉，皆有铜制拉手。直腿内翻回纹足，腿间大垂洼膛肚，牙板上浮雕葫芦万代及回纹。

❀ 明·黄花梨方角四件柜（一对）

◎尺　　寸　118厘米×53厘米×256厘米

※鉴赏要点　此柜属黄花梨包镶制作，前脸、侧山及柜门均用黄花梨木制作，比较珍贵。造型古朴、典雅，铜饰件装饰使整个柜子更显高雅、明亮。四扇柜门使用四边攒框镶黄花梨独板，显示出黄花梨木质的本色美，两腿间的直牙板也显得朴素大方。这对黄花梨方角四件柜在明式家具中也属少见，且成对保存至今，十分不易。

❀ 明·黄花梨大方角柜

◎尺　　寸　123.5厘米×78.5厘米×192厘米

※鉴赏要点　这是一件罕见的大型方角柜，大柜及柜门边抹一律用素混面，两旁起灯草线，正面及两侧牙条为壶门式曲线。后背糊布，髹黑漆，断纹细而密。此柜造型雄伟，细部又很圆熟，饶有古趣。

🌼 方角柜

方角柜没有柜帽，柜门是用合页来安装的，柜子的各角多用棕角榫，因而外形是方的。

方角柜基本造型与圆角柜相同，不同之处是，四角均为直角，柜体上下垂直，柜身四边和腿足皆为方棱，四条腿全用方料制作，腿足部分皆无侧脚，与柜门以合页结合。方角柜的体形是上下同大，四角见方，柜门的形式如同圆角柜，有的有闩杆，有的无闩杆，后者在北京匠师的口语中有一个流行的名称叫"硬挤门"。

方角柜从形式上可分为两种，一是无顶柜（或称顶箱），古人因其外形方方正正，顶部无箱，有如一部装入函套的线装书，故有"一封书式"之称。另一种是竖柜之上有顶柜的，与柜子成对组合，故也称为"顶箱立柜"或"顶竖柜"，大小相差悬殊，小者炕上使用，大者高达三四米，可与屋梁齐。

此外，柜上或柜下加屉的情况也较常见，柜内的结构则不拘一格，随意性很大。

🌸 圆角柜

　　圆角柜的许多部件用圆料制作，顶部有突出的圆形线脚（柜帽），四脚是内方外圆的，四框外角也是圆的，故名圆角柜，也可称为"圆脚柜"。此种柜多用较轻的木料制作，外表披麻灰，再罩红漆。尽管采用轻质木料，但因形体高大，又加上表面漆灰较厚，重量仍很大。圆角柜的四框与腿足以一根圆料制作而成，侧脚收分明显。圆角柜有两门的，也有四门的。四门圆角柜形式与两门相同，只是宽大一些，靠两边的两扇门不能开启，但可拆装。它是在柜门上下抹头做出通槽，在柜顶和门下横帐上钉上与抹头通槽相吻合的木条。中间两扇门因须开闭活动，做法与两门圆角柜的形式相同。

❖ **明·黄花梨方材大圆角柜（一对）**

◎尺　　寸　　109厘米×54厘米×187.5厘米

◎成 交 价　　RMB 4 400 000

※鉴赏要点　此柜是典型的明式苏作黄花梨家具，无门杆，俗称"硬挤门"。有柜膛，柜帽打槽装板，穿带两根倒棱。柜门亦是打槽装板，穿带四根倒棱，柜门内髹黑漆。腿足、柜帽的边抹、门框边及底帐、中帐的看面均为混面线脚，具浑成之美。此柜用料精选，柜门心板、侧山板多是纹理流畅、花纹对称的实木整板，具有如此品相、格调，并成对保存完好的大型圆角柜十分难得，属传世的明代黄花梨家具重器。

❀ 明·柏木面条柜

◎尺　　寸　　93厘米×55厘米×174厘米

※鉴赏要点　此柜也称圆角柜，通体为柏木质地。此柜不用合页，而是以门边作轴，柜顶及门下的栜子为户枢，这就要求后者必须高出腿子表面，门子开启后，与柜子形成倾角，不用人力，门子即可自动关闭。此柜的内部构造较为特别，其中有三层槔板，槔板下各有两具抽屉，不仅能更好地利用空间，且存取物品也很便利。门子中间及抽屉前脸皆装有铜制拉手。亮脚上有云头牙条。

圆角柜分解示意图

❀ 明·榉木圆角柜

◎尺　　寸　　91.5厘米×46厘米×173厘米

※鉴赏要点　柜用榉木制成。柜顶四角为软角。四腿上端缩进，下端的跨度大于柜顶的长度，因此，随形的门子也是上窄下宽。两扇门子对开，不用合页，而是将两侧的大边高于抹头，使之为轴，在柜顶及柜门下的栜子上凿眼，眼位须与腿子齐平，使门子开启的角度可大小随意，这就需要柜顶及栜子高于腿子表面，这种结构称为户枢。两门之间有活动立栓，在边框及立栓上起灯草线，并安装铜制面叶。横栜下装券形牙子。四腿外圆内方，侧脚收分尤为明显。此柜造型简洁明快，表现出明式圆角柜的特点。

◎素混面起线攒框柜盖

◎攒框素板木轴门

◎方材倒圆，外圆内方。

❀ 清初·黄花梨圆角柜（带座）
◎尺　　寸　高178厘米

◎成　交　价　RMB 165 000

※鉴赏要点　上部分为明式圆角柜，侧脚受分非常明显，腿子上部缩进柜顶，而下部腿之间的横跨长度，不低于柜顶的长度。门框内镶板心。二门之间有一立栓。此柜不用合页，而是以门边作轴。中间边框及立栓镶铜制条形面叶及拉手。外圆内方的腿子之间，为券形牙板。下部分为柜座，以短柱连接座面与横枨，柱旁有两格镶板。腿下端有齐头碰管脚枨。前脸双枨下，均装有券形牙板。

❀ 明·黄花梨小圆角柜
◎尺　　寸　70.5厘米×44厘米×110厘米

※鉴赏要点　小柜通体为黄花梨木制，柜框四角削圆，侧脚收分明显，是明代常见的样式。白铜条形面叶，故又有"面条柜"之称。此柜难得之处在于两扇柜门系用一块整料一破两片制成，木材本身所具天然纹理纤细浮动，色泽光润柔和，实为同类作品中之佳作。

❀ 明·榉木面条柜
◎尺　　寸　93厘米×50厘米×168厘米

※鉴赏要点　此面条柜通体为榉木质地。主体框架大多作双素混面，其中包括柜顶、腿子、两山的抹头及门子大边等。两扇柜门对开，中间有一立栓，立栓与门子一边框皆安装条形铜质面叶。柜顶与柜底横枨，皆突出腿子表面，这是因为要在柜顶与横枨靠近腿子的一侧打眼，其眼上边深，下边浅，称之为户枢，而后在门子的一边出轴，当门轴插进户枢后，才能使门子与腿子齐平。柜底腿的进深及横面跨度均大于柜顶，俗称之为"四劈八叉"。因而，无论是两山还是门子，下端的宽度，均大于上端，也因此门子打开后，不用外力就可自然关闭。柜两山及前脸下端均装有券口素牙板。

❀ 明末·炕柜
◎尺　　寸　高80厘米

※鉴赏要点　四平面式，对开两扇门。柜帽为素混面起双线攒框，未设门闩杆。攒框素板木轴门，腿柱为方材倒圆，外圆内方，下牙板光素无雕饰。

❀ 清·榆木圆角柜（一对）
◎尺　　寸　110厘米×54厘米×208厘米

顶竖柜是中国明清家具中重要的储藏类组合式家具。由底柜和顶柜组成，是在一个两开门立柜的顶上再叠放一个两门顶柜，顶柜的制作工艺及风格与下面大柜一致，看上去宛如一体。不用时，可取下独立成件。顶柜长宽与下面立柜相同。顶柜与底柜之间有子口吻合，故称顶竖柜。因它由一大一小两节柜组合，故又俗称"两节柜"。因顶上的小柜形如箱，又有了"顶箱立柜"的名称。

顶竖柜一般成对陈设，所以又称"四件柜"，是明清两代较常见的家具形式。这种柜有大有小，可根据殿堂大小摆放相应规格的四件柜。在大厅内可以并排陈设，也可以左右相对陈设。因有时并排陈设，为避免两柜之间出现缝隙，因而做成方正平直的框架。这类柜都用方料，且上下左右均方正平直，没有侧脚和收分。四件柜是由方角柜演变而起来的，特征与圆角柜相反，它的各面都是垂直方正的，柜顶也没有伸出的顶沿，门扇与柜框采用铜合页。

❀ **明·黄花梨顶竖柜（一对）**
◎尺　　寸　142厘米×60厘米×267厘米

※**鉴赏要点**　此对顶竖柜为黄花梨质地，分上下两节，柜两山均打槽装板，板心与腿、门两边齐平。柜门对开，顶柜、竖柜各两扇。两门之间有立栓，栓与门上各安装铜质面叶、上锁的曲曲及拉手。两侧均有圆形铜质合页。打开下节柜门，可见下边樘板分为两块，均有两个圆形钱眼，起到把手的作用。拿掉樘板后，下边又出现两个暗仓。腿下端有较高的亮脚，前脸及两山均有券形牙子。

❀ **清·紫檀雕云龙纹大柜**
◎尺　　寸　100厘米×47厘米×194厘米

※**鉴赏要点**　顶竖柜的门正面打槽装板，落堂踩鼓。上下门心板对称雕云龙纹。柜门下有闷仓，俗称"柜肚"。边框安铜镀金合页及面叶。

❀ 清乾隆·紫檀福庆有余四件柜

◎尺　　寸　101厘米×56厘米×210厘米

◎成 交 价　RMB 5 390 000

※鉴赏要点　柜有门闩，门板通体作高浮雕装饰，蝠、磬和双鱼图案的四周以拐子龙纹转绕，寓"福庆有余"。起地浮雕的刀工娴熟圆润。结构讲究，柜内中部设有两抽屉，下方设暗仓，顶箱内有一层屉板。柜内外所有金属合页、面叶及足套皆錾拐子龙纹，并以鎏金装饰。所用料几乎都是上等的牛毛纹紫檀，内设的抽屉、屉板和内帐的选料也是一丝不苟，皆是清代宫廷造办处特有的。紫檀用料之讲究，制作工艺之精湛，鎏金铜饰保存之完好，在传世紫檀家具中极为罕见。

四件柜分解示意图

◎上面较矮的一戴叫"顶柜"，又叫"顶箱"。

◎柜门为有闩杆的硬挤门式样。

◎柜子的正面、侧面和柜顶为平镶装板，故称"四面平"。

◎柜膛面板雕两组四只独角兽，间以杂宝纹和海水江牙纹。

◎下面较高的一截叫"立柜"，又叫"竖柜"。

◎正面牙板雕两组狮纹和麒麟纹，间以杂宝纹，两侧牙板雕螭龙、卷草纹。

❀ 清·黄花梨雕云龙纹四件柜

◎尺　　寸　190厘米×75厘米×320厘米

◎成 交 价　RMB 11 000 000

※鉴赏要点　此四件柜形制巨大，带有余塞的硬挤门式，柜门和顶箱柜门板均满雕云龙纹和海水江崖纹，气势宏伟，雕琢流畅。四件柜的整体布局合理，柜内中部置两抽屉，上部置一隔板。顶箱柜内中置一隔板。平常所见四件柜多是包镶黄花梨，而此柜内外通体全部为黄花梨料，且用料粗硕不惜工本。柜体之大，用料之硕，雕工之精，都是非常罕见的。

01

古典家具的种类

亮格柜

　　亮格柜，是格与柜的结合体，是集柜、橱和格三种形式于一器的家具。亮格柜的亮格是指没有门的格层，柜是指有门的格层，故带有亮格层的立柜，统称"亮格柜"或"柜格"。

　　亮格柜通常下部做成柜子，上部做成亮格，下部用以存放书籍，上部存放古玩。一般厅堂或书房都备有这种家具。下层对开两门，内装膛板分为上下两层，门上装铜饰件。柜门的上面或平装抽屉两具，或无抽屉；抽屉或明露在亮格之下的柜门上，或隐蔽安在柜门内。再上为一层或二层亮格，一层的为多，两层的较少。或后背镶板，两山及正面透空；或在两山及正面各装一道极矮的围栏；或在左右及上沿装一壶门式牙板。亮格柜还有一种比较固定的样式，即上为亮格一层，中为柜子，柜身无足，柜下另有一具矮几支撑着它，凡属这种形式的，北京匠师称之"万历柜"或"万历格"。亮格柜一般齐人肩或稍高，便于欣赏，重心在下，放置稳定。

　　亮格柜是明式家具中较为典型的一种，一柜两用，放置于书房或厅堂，既实用，又颇显风雅，很受当时文人士大夫的欢迎。清代亮格柜与其他柜一样，在雕饰上更为繁缛，细部雕刻细腻，整柜雕饰范围极大，整体看起来极为富贵豪华。民国时期，亮格柜已不如已往流行，有信奉佛教者，将亮格内办装佛龛，不在少数。

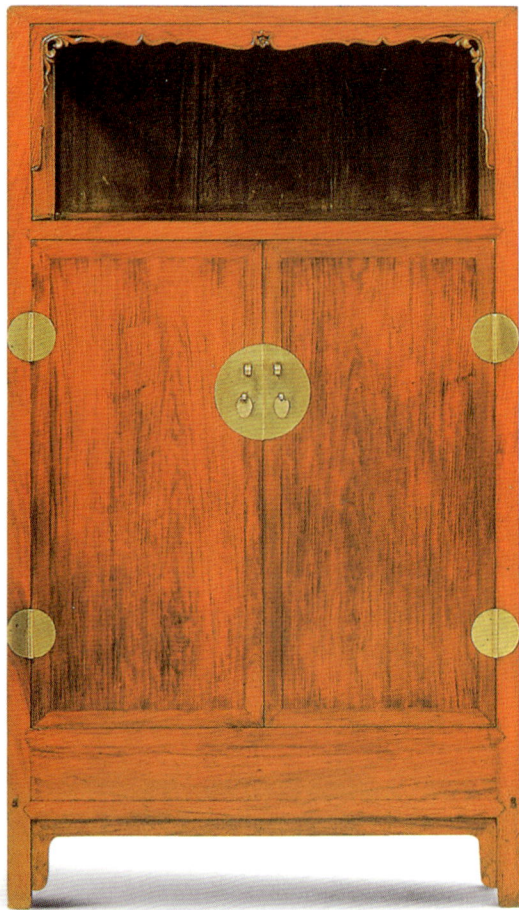

❀ **明·黄花梨万历柜**

◎尺　　寸　高182.5厘米

◎成 交 价　USD 196 500

※鉴赏要点　此柜上格壶门牙子，以镂雕海棠花纹为分心花，转角雕卷草纹。下柜对开两门，四角攒边框镶板心。边框镶素面铜制合页、圆形拍子及拉手。柜门下有暗仓。底枨下镶券形素牙板。

◎平装柜门，素雅平淡。

◎券口

◎长方形合叶

❀ 明末清初·黄花梨亮格柜
◎尺　　寸　高193厘米

※鉴赏要点　此柜一层亮格，有背板，三面券口，装饰风格统、朴素。亮格以下平装柜门，平淡简洁。牙板光素无纹。铜活保存完好，当为精品。

❀ 明·黄花梨方角亮格柜
◎尺　　寸　高188厘米

※鉴赏要点　此亮格柜为黄花梨木制，上部亮格呈一面亮，两侧上为直棂装饰，这样的做法不多见。下部柜用面条柜做法，两门之间不用立柱，因此铜面叶较窄。柜门平装，铜活方形，似对亮格柜的点缀装饰，柜下用直条牙板，简洁、明快，当是明式家具的代表作。

书格，或称"书阁"，即存放书籍的架格，为书房必备家具。正面大多不装门，且四面透空，只在每层屉板的两端和后沿装上较矮的栏板，目的是使书册摆放得整齐。书格有两层的，也有三层的。常见在书格正中间平装抽屉两三个，其作用一为加强整体柜架的牢固性，二可以放些纸墨等文房用品，增加了使用功能。书格的主要特点是敞亮、大方、简便灵活。明式书架一般都高五六尺，依其面宽装格板，格板一般为三层或四层。明式书格一般很少装饰，造型简练，凸现木质光洁的纹理。清式书格多加雕饰，形体变化较多，整体造型错落有致，具有很高的艺术性。

❀ **清晚期·花梨木书格**

◎尺　　寸　94厘米×39厘米×188厘米

※鉴赏要点　此书格为花梨木制，似亮格柜样式，只是加装了玻璃窗和抽屉。从外表看，仍保留了侧脚收分和直板牙条，说明工匠在制作这样的家具时，仍然保留中国古代家具优秀的结构，为了适应使用人或市场的需要，将这件家具图纸稍加改造，成为了一个古代与近代结合的家具。

❀ **清中期·榆木直棂书格**

◎尺　　寸　86厘米×41厘米×162厘米

◎成 交 价　RMB 30 800

※鉴赏要点　书格的两侧及背面用圆柱构成透空棂格，书格中间隔以两抽屉，配以铜活，雕琢细腻，整体空灵有致。

❀ 明·黄花梨书格
◎尺　　寸　　79.5厘米×32厘米×175厘米

◎成 交 价　RMB 220 000

※鉴赏要点　书格通体光素，无任何雕饰。以黄花梨木制成。格三面开敞，分为三层，每层枨子以格肩榫与腿相交，枨子裁口镶装膛板，板心下有一条带，与前后枨子相连。方材腿，枨平直，底枨下有券形牙板。

❀ 清末·乌木书格
◎尺　　寸　　高105厘米

❀ 清中期·核桃木小书格
◎尺　　寸　　86厘米×41厘米×175厘米

※鉴赏要点　书格下部素身，双开门，上部亮格，间以两抽屉。亮格边起灯草线，围栏以方材攒斗而成，简洁明快。顶部安柜帽，铜活工艺讲究，纹饰美观。

多宝格

多宝格又称"百宝格"或"博古格"，是一种类似书架式的木器，中设不同样式的许多小格，格内陈设各种古玩器物，是清代兴起并十分流行的家具品种，被公认为是最富有清式风格的家具之一。清代由于满汉达官贵族嗜好佩戴饰物、贮藏珍宝，所以制造了多宝格这种架式贮藏家具。多宝格兼有收藏、陈设的双重作用，与一般纯作箱、盒略有不同。之所以称为"多宝格"，是由于每一件珍宝，按其形制巨细都占有一"格"位置的缘故。客厅里摆放一件多宝格可以增强观赏效果。多宝格的独特之处在于，将格内做出横竖不等、高低不齐、错落参差的一个个空间，人们可以根据每格的面积大小和高度，摆放大小不同的陈设品。在视觉效果上，它打破了横竖连贯等极富规律性的格调，因而开辟出新奇的意境来。多宝格形式繁多，各不类似。由于其制作精美，本身就是一件绝妙的工艺品。民国时期，多宝格被更加广泛地运用到其他器物上，诸如柜类、桌类、床类等器物。

❀ 清·紫檀雕花多宝格（一对）

◎尺　　寸　214厘米×40厘米×103厘米

※鉴赏要点　此多宝格为紫檀木制，颇具清乾隆时多宝格的风味，是典型的清式造型，雕花板及花牙做工精细玲珑，铜饰件美观典雅，透托出整个多宝格繁复华丽的效果。

❀ 民国·红木玻璃古董柜（清式）

◎尺　　寸　137厘米×31厘米×153厘米

◎成　交　价　RMB 30 800

※鉴赏要点　架格为全敞开式，造型轻巧疏朗，简洁明快。通体光素，用料单细，结构考究，做工精细，兼具装饰性和实用性。

❀ 清·硬木多宝格
◎尺　寸　高85厘米

※鉴赏要点　此多宝格造型特殊，呈花瓶状，整体由多个不规则亮格组成，格架为竹纹，亮格有竹叶状角牙，十分雅致。架格上错落有致地摆放着各种古玩，显示了古代技工独特的匠心。

屏风类

古典家具的种类

屏风类家具是用来装饰、挡风及遮蔽视线的家具。屏风的使用早在西周初期就已开始，制作在汉代已经很普遍，且大都比较实用。汉代以前的屏风多为木板上漆，加以彩绘。自造纸术发明以后，则多用纸糊，比较轻便，因而屏风也增加了新的形式，由原来的独扇屏发展为多扇拼合的曲屏。屏风大体可分为座屏、曲屏及挂屏三种。座屏下有底座，又分为多扇组合和独扇两种。曲屏属于活动性家具，无固定陈设位置，用时打开，不用时折叠起来。这两种屏风自汉唐直至明清无多大变化，而挂屏为明末才开始出现的一种挂在墙上作装饰用的屏牌，大多成双成对出现。清朝后挂屏十分流行，至今仍为人们喜爱。它已完全脱离实用家具范畴，成为纯粹的装饰品和陈设品。另外，还有一种多扇拼合的通景屏风，南北朝时，这类屏风丌始向高大方面发展，数量也在不断增加。到了明清时期，屏风不仅是实用家具，更是室内必不可少的装饰品。

❀ 清乾隆·紫檀嵌玉插屏

◎尺　寸　高13.1厘米

※鉴赏要点　插屏边座为紫檀木制。屏中心嵌蒲纹玉璧。玉璧中心有一圆形开光，开光内雕八卦中"乾"字卦符及双夔龙纹，背面为乾隆御题诗。屏心、站牙、披水牙和座墩皆雕各式夔龙纹。绦环板雕如意云头纹。

❀ 座屏风

座屏风多陈设在居室正中的主要位置，相对固定。它又分多扇和独扇。多扇座屏为大型器物，成"八"字形。有三扇、五扇、七扇及九扇的，规律是都用单数。每扇用活榫连接，屏风下的插销插在"八"字形底座上，屏风上有屏帽连接。这类屏风多数被放在正厅靠后墙的地方，然后在前边放上宝座。在皇宫里，每个正殿都有这种陈设。

独扇屏风又名插屏，一般为单扇插在一个特制的底座上的形制。底座用两条纵向木墩，正中立柱，两柱间用两道横梁连接。正中镶余塞板或绦环板，下部装披水牙。两条立柱前后有站牙抵夹。两立柱里口挖槽，将屏框对准凹槽，插下去落在横梁上，屏框便与屏座连为一体。形体有大有小，差异很大。大者高300厘米有余，小者只有20厘米。较大的插屏一般放在挡门处，使人一进

门不会有一览无余的感觉，同时又起到挡风遮光的作用。一般是根据房间和门户的大小，来确定插屏的高度。

插屏既是实用品又是装饰品，可以装饰居室；小一点的插屏可以放在桌子或案子上，是纯装饰品。

插屏以双面心为佳，如果是以山水、风景为内容，则更美。由于山水、风景都具有由近及远、层次分明的特点，虽置于室内，却能起到开阔视野、消除疲劳的效果，给人一种舒畅的感觉。

❀ **明·黄花梨大理石插屏**

◎尺　　寸　高95.5厘米

◎成　交　价　RMB 1100 000

❀ **清中期·红木嵌玉五扇屏风**

◎尺　　寸　250厘米×300厘米

◎成　交　价　RMB 2 090 000

※鉴赏要点　此屏风形制较大，以红木雕成，屏帽满雕云龙纹，气势威猛。底座雕花卉、如意云纹等装饰图案。屏风主体以框架形成多宝格式样，镶嵌玉石，呈现出如意花卉、山石盆景、宝瓶洞石及山水人物等图案，寓平安、如意、富贵和吉祥之意，并配有御题诗。整体造型大方，工艺精细。

❧ **清·红木百宝嵌鹿鹤同春纹御制诗插屏**

◎尺　　寸　高193厘米

◎成 交 价　RMB 236 500

※鉴赏要点　此插屏为红木材质，座与屏心为分体式，大框洼膛铲地平雕螭龙纹，屏心为百宝嵌鹿鹤同春图案，百宝嵌制作工艺一流。余塞板和披水牙均为铲地平雕拐子纹。立柱头为拐子龙纹，抱鼓墩屏座。

❧ **清乾隆·贴牙松鹤纹摆屏**

◎尺　　寸　宽81厘米

※鉴赏要点　屏风共三扇。屏心镶板，雕松鹤纹图。边框上装吊蝠云纹屏帽，两侧站牙雕夔龙纹。下承三联"八"字形须弥座，座上浮雕云纹。

❖ 清·红木嵌粉彩三阳开泰瓷板座屏

◎尺　寸　高108厘米

※鉴赏要点　此插屏为红木材质，造型端庄，装饰华丽。屏心镶嵌瓷板，上绘三阳开泰吉祥图。屏风边框雕花纹，底部绦环镂空雕饰。

　　曲屏风是在汉代由原来的独扇屏发展而来的一种可折叠的屏风，也叫"软屏风"。它与硬屏风不同的是不用底座，且都由双数组成。最少两扇或四扇，最多可达数十扇。屏心也和带座屏风不同，通常用帛地或纸地刺绣或彩画。曲屏风属活动性家具，每扇之间或装钩纽、或裱绫绢，可以随意折合。用时打开，不用时折合收贮起来，其特点是轻巧灵便。有以硬木做框的，也有木框包锦的。包锦木框木质都较轻，屏心用纸、绢裱糊，并彩绘或刺绣山水、花卉、人物及鸟兽等各式图画。有的用大漆髹饰，上面雕刻各式图画。做工、手法多种多样。由于纸绢难以流传至今，所以现存明代传世作品以木制和漆制为多，纸绢制屏风极为少见。一般说来，带座屏风较重，曲屏风较轻。屏风挡住人们的视线，更突出了屏风前的陈设，造成一种庄严、肃穆的气氛。

❀ 清·榆木雕龙格栅（八扇）

◎尺　　寸　244厘米×57.5厘米

※鉴赏要点　此格栅较高，隔断中部有棂格，顶部、下部镂雕龙纹和寿兽纹。尺寸虽大，却可轻易移动和组合。

❀ 清·红木嵌瓷板四扇屏
◎尺　寸　243.8厘米×182.8厘米

※鉴赏要点　此屏风共四扇，有挂钩连接。单屏为四层五抹。上部三层屏心镶嵌青花山水纹瓷板，青花发色较好。裙板浮雕博古纹，牙板为回纹。

❀ 明·黄花梨浮雕花卉屏风（四屏）
◎尺　寸　高175厘米

◎成交价　RMB 660 000

※鉴赏要点　此屏共四扇，每扇单屏之间由挂钩连接，可开合。单屏为攒框分隔形制，由上至下分别是上部绦环板、屏心和裙板，皆浮雕花卉纹。下部边框镶有牙板，亦雕花卉纹。

❀ **清·黄花梨屏风**

◎成 交 价　RMB 440 000

※鉴赏要点　此屏风为黄花梨木质，较罕见。共十二扇，中有挂钩连接，可以折叠，比较轻便。单屏由绦环板、屏心、裙板、亮脚组成，上下绦环板及裙板透雕花卉图案，雕工规整。

❀ **清·紫檀嵌百宝花鸟瑞兽安居乐业图屏风（八屏）**

◎尺　　寸　304厘米×190厘米

◎成 交 价　RMB 250 000

※鉴赏要点　此屏风以紫檀木制，其上施百宝嵌工艺，嵌出飞禽走兽、花鸟鱼等图，光彩夺目、绚烂无比，非常难得。

❀ 清末·镶翡翠浮雕山水花鸟片黄花梨四开围屏（一对）

◎尺　　寸　高176厘米

❀ 清末·红木镶八宝屏风

◎尺　　寸　长324厘米，高211厘米

※鉴赏要点　此屏风造型为常见样式，装饰风格比较大气。屏风边抹攒框镶板，上下绦环板均为浮雕拐子龙纹，裙板上浮雕八仙故事图案，下装云纹牙角板。屏心为黑漆百宝嵌博古图案，整体风格稳健华丽。

明代晚期出现了一种悬挂墙上的挂屏，成组成双，或二挂屏，或四挂屏。清初的挂屏，多代替画轴在墙壁上悬挂，为纯装饰性的饰物。这种陈设形式，雍正、乾隆两朝更是风行一时，在宫廷中，皇帝和后妃们的寝宫内，几乎处处可见挂屏。明代以前，屏风多趋于实用，主要用于遮蔽和作临时隔断，大多是接地而设。好奇者出于欣赏目的，所做的炕屏（设在寝室后墙，充当炕围子）、桌屏（陈设在条案和书桌上的小型插屏）等，形制虽小，却不失屏风的形式。它一般成对或成套使用，如四扇一组称四扇屏，八扇一组称八扇屏，也有中间挂一中堂，两边各挂一扇对联的。由此可见，挂屏的出现彻底打破了屏风原有的实用性质，成为精妙绝伦的装饰品。

❀ 清中期·紫檀嵌百宝花鸟挂屏（一对）

◎尺　　寸　高99厘米

◎成　交　价　RMB 121 000

※鉴赏要点　挂屏边框以紫檀木制。屏心正面蓝漆地，上用螺钿、松石等料嵌花鸟图案，形象生动逼真。

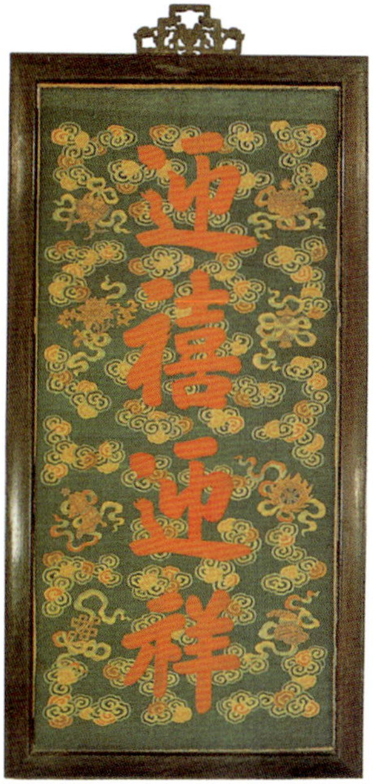

❀ 清 · "迎喜迎祥" 缂丝紫
檀挂屏

◎尺　　寸　高95厘米

※鉴赏要点　挂屏边框为紫
檀木制。屏心为缂丝画幅，
以八宝如意云纹为地，中间
缂 "迎喜迎祥" 四个大红
字，书法娴熟，缂技高超，
是为精品。

❀ 清 · 红木嵌瓷板挂屏（四屏）

◎尺　　寸　高139厘米

◎成　交　价　RMB 22 000

※鉴赏要点　挂屏四扇成堂，红木边框。屏心嵌瓷板，绘人
物故事纹，瓷板构图工整，描绘细腻。屏框浮雕蝙蝠纹。

❀ 清晚期 · 云石挂屏

◎尺　　寸　90厘米×180
厘米

※鉴赏要点　挂屏四扇成
堂，硬木框柴木心，每扇
各镶大理石两块，上圆下
方，寓天圆地方之意。这
类挂屏在清末至民国时有所
见，然大多为小件，似此大
者实属罕见，具有重要的收
藏价值。

支架类家具是搁置或支撑东西的家具统称。主要置于室内，用以挂放或承托日常生活所必需的物品和容器，包括盆架、灯架、衣帽架、巾架和梳妆台等。到了明代，衣架的制作已经非常精美。明式支架类家具非常发达，制作装饰非常精美，盆架一般与巾架合起来使用。支架类家具继宋、元之后，明清时期进入了一个摆设艺术高度成熟化的阶段，家具不仅选料考究，做工精细，而且多与室内整体格局统一设计并融为一体。支架类的出现为古代家具的陈饰品增添了亮点和风韵。

衣帽架

❀ **明·黄花梨龙首衣架**

◎尺　寸　191.5厘米×57厘米×188厘米

※鉴赏要点　此衣架搭脑两端雕出须发飘动的龙首，牌子上分段嵌装透雕螭纹绦环板。两根立柱下端由透雕螭纹站牙抵夹，如意云头式抱鼓墩。中牌子下部和底墩间原有横枨和棂板，现尚留有被封堵榫窝的痕迹。各种榫卯均为活榫，可拆装。

衣架，即有支架和横杆的用于悬挂衣服的架子，起源于东周至春秋，但形式不同，名称也不相同。直者曰"挥"，钉在墙上的木橛用以挂衣，亦称"挥"；横架的木杆，用以挂衣曰"桁"，又叫"椸"。古代衣架其形式多取横杆式，主要用于搭衣服而非挂衣服。两侧有立柱，下有墩子木底座。两柱间有横梁，当中镶中牌子，顶上有长出两柱的横梁，尽端圆雕鸟兽或花草。古人多穿长袍，衣服脱下后就搭在横梁上。衣架一般设在寝室内，大多放置在卧室床榻附近或者进门的一侧，并与床、橱、桌和椅等家具在风格上相互协调，外间较少见。

宋代衣架的使用较前代更加普遍。明代衣架，继承古制，基本造型大同小异。下部以木墩为座，在两个底座之上植立柱，在墩与立柱的部位，有站牙挟持，两柱之上有搭脑，搭脑两端出头，一般都作圆雕装饰，有云纹、龙首及凤首等花饰。中部大都有雕饰华美的花板，称为"中牌子"。这种衣架的横向结构非常适合披搭明代宽大的袍服，搭脑两端可悬挂衣帽，与现代竖向的衣架结构完全不同。明清衣架的造型普遍简练大方，构件注重圆润流畅，

❀ 清·剔红帽架
◎尺　　寸　高29.5厘米

※鉴赏要点　帽架通体剔红，工艺浑朴圆润、纤巧细腻。架顶雕三道弦纹，刻龙纹及缠枝花卉纹。底座最外部亦刻缠枝花卉纹。帽架形制较小，适合摆放于桌案之上。

❀ 清末·描金彩绘漆衣架（一对）
◎尺　　寸　高163厘米

※鉴赏要点　此衣架与传统横杆式衣架不同，为竖式，上部为圆碗形托架，托架下有花形牙子。衣架立柱上有龙纹花牙。底座为三足形，雕刻花纹。衣架造型美观，装饰繁复，表明衣架形制正向现代形制过渡。

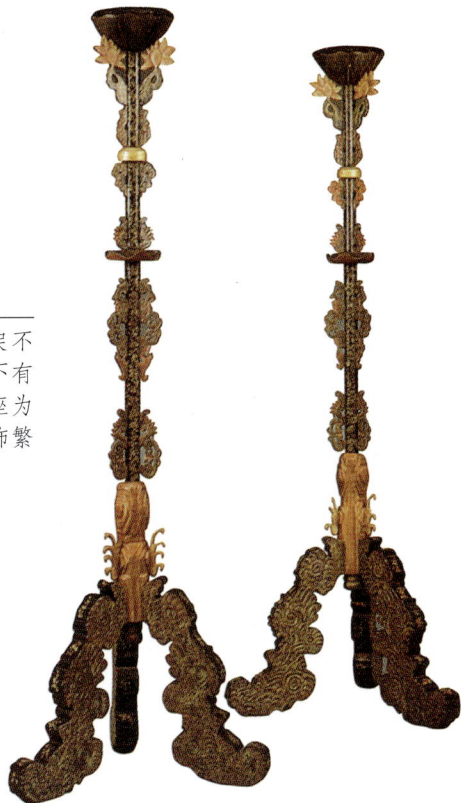

清代家具的衰落

　　从家具的工艺技术和造型艺术上讲，清乾隆后期达到了顶峰，这个时期片面追求华丽的装饰和精细的雕琢，以多求胜，物极必反。过多的奢华达到极致之后，衰落已露出迹象。嘉庆时期曾出现了长时间的停滞，从当时皇家造办处的文件档案中可以看出，随着工作量的减少，家具生产日益衰落。这一时期的民间家具多以仿宫廷风格为主，只是更简陋、更粗糙，毫无创新可言。道光以后，内忧外患接踵而至，中国遭受着外国列强的任意宰割。家具业也随之结束了它曾经光辉灿烂的岁月，连光绪皇帝大婚的家具也都交由民间木器作坊随意制造，其粗俗、简陋令人难以置信。

装饰风格简洁明快，用料考究，做工精美细腻。进入民国以后，有些人改变了搭衣服的方法，在衣架的搭脑安装衣钩，还在中牌子的下端装上进深很小的抽屉，放置一些佩戴的饰物。

❀ 清·红木盆架
◎尺　　寸　高69厘米

※鉴赏要点　盆架以红木制，五条腿呈三弯腿式，上部雕夔纹，上下用五根横枨相互连接，每根腿外部还浮雕卷云纹。此盆架古朴自然，又不失精巧典雅，虽为日用家具，却能带给人美的享受。

❀ 清·红木火盆架
◎尺　　寸　高63厘米
◎成 交 价　RMB 5500

※鉴赏要点　此火盆架为红木制，上口呈圆形，有束腰，三弯腿下有珠形足，五条腿上有五根横枨交叉结合，牙条上雕五宝珠。此火盆架造型别致，古朴典雅，是清式家具中的精品。

🌸 盆架

盆架，即多足且面心可以承托盆类容器的架子，分高低两种，高面盆架多为六腿，两条后腿高长，在盆架靠后的两根立柱通过盆沿向上加高，上部搭脑两端出头，上挑，中有花牌。搭脑之下常有挂牙护持，可以在上面搭面巾。低面盆架，一般都取朴素无饰的式样。有三腿、四腿、六腿等不同式样。结构上有整体和折叠两种。另一种是不带巾架，几根立柱不高过盆沿。

盆架有圆形、四角、五角、六角等形式。圆形盆架如大圆凳，略高，一般在70厘米左右，在板面正中挖出与盆大小相当的圆洞，用以坐盆。带角的盆架通常有几个角就有几条腿，而圆形的则不受角的局限，四腿、五腿、六腿均有。多为高束腰，三弯腿，下带几条交叉的横枨，有的附霸王枨。

❀ 清·黄花梨六方形雕花火盆架
◎尺　　寸　高113.1厘米
◎成 交 价　USD 113 525

※鉴赏要点　此火盆架为黄花梨木制，束腰透雕如意纹，各腿上部及牙条浮雕花纹，三弯腿，卷云雕花足坐在托泥上，托泥下有龟脚。此火盆架似六角方桌，雕饰华丽，稳重大方，是清代家具代表作之一。

盆架有的不用板面挖洞做法，而用几条交叉的两组横枨分别固定六条立柱。每条立柱的足和头分别向外张出，脸盆就坐在上层横枨上。立柱的上端向外张出部分也和横枨一起，共同起着支撑和保护盆腹的作用。这种盆架也有弯腿的，做法与直腿相似。

❀ **清·黄花梨盆景架子**

◎尺　寸　高61厘米

※鉴赏要点　此架为黄花梨木制，架面四周有拦水线，底枨为罗锅枨，枨和腿边缘起阳线，加之黄花梨木优美的纹理，显得静中有动。此盆景架形制颇为少见。

面盆架分解示意图

◎盆架搭脑出头，装饰着圆雕灵芝纹，搭脑直接与盆架的后两足相交，这是此类盆架的基本样式。

❀ **清·黄花梨木六足高面盆架**

◎尺　寸　56.5厘米×50.5厘米×166.5厘米

※鉴赏要点　此面盆架为黄花梨木制，后柱上的搭脑两端透雕龙头，搭脑下方镶壶门式券口牙子，两侧装透雕云龙纹托角牙，架框正中镶透雕牌子，下装一横枨，横枨下有壶门式牙条，此下另一横枨装直板牙条，架间安上下两组横枨，分别由三条横枨交叉组合而成。

◎六足以横枨相连，平面呈六角形，适合放置于居室的角落。

从明至清中期，中国家具没有梳妆台这一品类，只有梳妆匣或镜台，它们不是独立的家具，都是依附于其他家具上的器件。梳妆匣，如小方匣，正面对开两门，门内装抽屉数个，面上四面装围栏，前方留出豁口，后侧栏板内竖三扇至五扇小屏风，边扇前拢，正中摆放铜镜。不用时，可将铜镜收起。小屏风也可以随时拆下放倒。镜台类似专用的桌子，台面上竖着镜架，旁设小橱数格，镜架中装一块大玻璃镜。至迟在清代后期已很常见。低镜台形体较小，一般放在桌案上使用。镜台面下设小抽屉数个，面上装围子，宫中常见的还有在台面后部装一组小屏风的，屏前有活动支架，用以挂镜，又名"镜支"。也有的不装屏风和围子，而是在台面之上安一箱盖。打开盖子，支起镜架，即可使用。明清镜架十分精美，出现了木制的宝座式镜台和五屏式镜台等，其上雕龙画凤，镶嵌雕刻，技艺精湛。受欧风熏陶，民国时期玻璃大量涌入民间，梳妆台大量出现，形体较前高大许多，带有洋式建筑风格。有些简单的，在台面两端安设抽屉，中间以轴相连带木框的椭圆形镜子。

❀ **清·黄花梨透雕镜台**
◎ 成 交 价　RMB 9 900

※ **鉴赏要点**　整体为双劈料做法，设有抽屉。镜架透雕花卉，支起放平自如。下部牙板攒框加矮佬装雕花心板，颇为雅致。

❀ **清中期·紫檀宝座式镜台**
◎ 尺　　寸　高58厘米

◎ 成 交 价　RMB 49 500

※ **鉴赏要点**　此镜台为宝座式样，较多地保留了明式家具的痕迹。分两层设抽屉五具，台座上的后背和扶手的装板上均透雕花鸟纹饰，俗称"一品清廉纹"，画面齐整生动。搭脑中间拱起，两端下垂，至端头又反翘，圆雕灵芝形状，扶手出头也是同样的形状。

❀ **清·黄花梨木宝座式镜台**
◎尺　寸　高53厘米

※鉴赏要点　镜台呈宝座式，台面上围子透雕各种纹饰和图案。整体构造巧妙，雕工精致，艺术性很强。

❀ **清·黄花梨西番莲花卉、麟凤纹五屏式镜台**
◎尺　寸　高77厘米

※鉴赏要点　台座上安五扇小屏风为扇形，中扇最高，依次向两侧递减。屏风上装绦环板，透雕缠枝花卉纹、麟凤纹，上搭脑均高挑出头，圆雕凤头。台面四周有望柱栏杆，镶透雕螭纹绦环板。台下为抽屉五个，屉面浮雕折枝花卉。底座三弯腿，外翻云纹马蹄，壶门式牙板，牙板上雕忍冬纹。

❀ **明末清初·黄花梨三屏风式雕龙纹镜架**
◎尺　寸　高82厘米

※鉴赏要点　此件镜架共设五具抽屉，有三扇屏风，扇顶两端各有圆雕龙头一个。中扇最高，共分三段，左右屏各分二段，嵌板透雕海水云龙纹及鱼跃龙门纹。另设一可移动式的镜架，中段嵌板透雕圆形龙凤呈祥图，上段则是松鼠及葡萄串。镜架上有围栏，前面有四柱三板，柱头雕有狮子四只，三板则透雕梅花。后有莲花柱两个。

🌸 灯架

灯架分两种，一种是挑杆式，一种是屏座式。挑杆式用以挂灯，屏座式用以坐灯。其中屏座式灯架犹如插屏的座架，只是较窄。屏框的里口开出通槽，用一横木两头做榫镶入槽内，可以上下活动。屏框上横梁正中打孔，将一圆形木杆插入孔内，下端固定在活动横木上。圆杆上端安一圆形木牌，下端用四个托角牙支撑。木牌之上，可以放灯碗，外面再套上牛角灯罩。

明清照明灯架大致可分为固定式、升降式和悬挂式三类。高型灯架中的固定圆杆多为明式风格，可升降的灯架属于清式风格。固定式灯架，常见用"十"字形或三角形的木墩做成底盘，上面立灯杆，四面用站牙将灯杆底夹，杆头上为平台承托灯罩，盘下有托角牙辅助立柱支撑平台。升降式灯架的底座采用座屏式，灯杆下端有"丁"字形横木，两端出榫并置于底座立柱内侧的直槽中，灯杆可以顺直槽上下滑动，并有木楔起固定灯杆作用。还有形体结构更为精巧者，如将灯柱插于可升降的"冉"字形座架中间，通过机械作用来调节灯台的高度，使光照适合不同需要，既美观又实用。悬挂式灯架多为挑杆式，由挑杆和底座组成，底座正中安插立柱，有站牙抵夹，灯杆插入木柱圆孔中，上端常有做成龙凤形状的铜质拐角套在木杆上，下端钉有吊环以承灯笼，灯笼自然下垂，随风飘动。

灯台属坐灯类，常见为插屏式，较窄较高，上横框有孔，有立杆穿于其间，立杆底部与一活动横木相连，可以上下活动。立杆顶端有木盘，用以坐灯。为防止灯火被风吹灭，灯盘外都要有用牛角制成的灯罩。

🍀 明·黄花梨木灯架
◎成 交 价　USD 19 120

※鉴赏要点　灯架的边座皆为黄花梨木制作。拱形底座上竖两根立柱，有镂空的云纹站牙，在立柱前后相抵。立柱上下装双横枨。灯杆从上边二枨中央穿过，直抵下面的横枨上。当需要将灯杆升高时，用第二节枨子上的销子将灯杆卡住。灯杆上端有四个托角牙，承托一圆形平台，平台之上为铜制的圆盘，盛放蜡、油之用。

❀ 清·紫檀灯架（一对）

◎尺　　寸　高166.4厘米

❀ 清中期·红木灯台（一对）

◎尺　　寸　高152厘米

◎成 交 价　RMB 17 380

※鉴赏要点　此为固定式灯台，两个墩子十字相交作为墩座，正中竖立圆材灯杆，四块透雕站牙从四面抵夹，使灯杆稳定直立。灯杆上方设圆形承台，并加挂四块透雕吊头牙与下边的站牙相对立，设计简洁而又结构合理。

❀ 清·紫檀壁灯（一对）

◎尺　　寸　高76厘米

◎成 交 价　RMB 77 000

漆家具

古典家具的种类

中国漆工艺术历史悠久，在商代遗址中多次发现描绘乃至镶嵌的漆器残件。在此之前，肯定还经历过一个漫长的发展过程。这说明在原始社会末期，我们的祖先就已认识并使用漆来涂饰日用器物，这样既保护了器物，又收到很好的装饰作用。几千年来，经过历代劳动人民的发展创新，到明清时期，漆工艺术已发展出14个门类，87个品种。这时期能工巧匠辈出，且有大批文物传世，在明清家具种类中，是不可忽视的一个方面。

❀ 单色漆家具

单色漆家具又称素漆家具，即以一色漆油饰的家具。常见的有黑、红、紫、黄及褐诸色。以黑漆、朱红漆、紫漆为最多见。黑漆又名玄漆、乌漆。黑色本是漆的本色，故古代有"漆不言色皆谓黑"的说法。纯黑色的漆器是漆工艺中最基本的做法，其他颜色的漆皆是经过调配加工而成的。由于单色漆器不加任何装饰纹样，故完全以造型和色泽取胜。

漆家具的做法，首先以较轻软的木材做成骨架（这是因为软质的木材容易着漆，而硬质木材不易着漆），然后涂生漆一道，趁其未干，糊麻布一层。用压子压实，使下层的生漆从麻布孔中透过来，干后，上漆灰泥子。一般上两到三遍，分粗灰、中灰、细灰。每次都须打磨平整，再上所需色漆数遍，最后上透明漆，即为成器。其他各类漆器均在素漆家具的基础上进行。

北京故宫博物院保存着众多的大至柜橱桌案，小至箱盒盘碗等单色漆器，如黑漆圆腿书桌、朱漆香几和朱漆捧盒等，既具有实用价值，又是精美的艺术品。

❀ 明·红漆单屉书桌
◎尺　　寸　103厘米×66厘米×87厘米

※鉴赏要点　此为桌案结体，面下装抽屉，前脸饰圈口，铁制钉锅。屉下牙条甚窄，牙头甚小，两侧腿间装双枨，四腿均倒棱，侧脚收分明显。具有浓厚的明式家具特点。全身木胎髹红漆，属漆家具品类中的素漆家具。

❀ 清·雕漆花卉纹几

❀ **明·黑漆百宝嵌小插屏**

◎尺　　寸　23厘米×11厘米×20.5厘米

※鉴赏要点　屏心一面以螺钿、象牙、玉石和玛瑙等镶嵌成佛手、菊花及红叶；另一面为剔红开光花鸟纹，锦纹地。屏与座一木连作，明式抱鼓墩及站牙。黑漆边座。

❀ **明·黑大漆书柜**

◎尺　　寸　长187厘米

※鉴赏要点　此柜为明代晋作制品，以其多板的结构和髹漆技术显示出高古家具的制作风格，柜子正面皆凸起，铜饰和漆保持完整齐。此柜多用于存放经文、书籍等。

❁ 雕漆家具

　　雕漆家具是在素漆家具上反复上漆，少则八九十道，多则一二百道而成的。每次在八成干时漆下一道，漆完后，在表面描上画稿，以雕刻手法装饰所需花纹。然后阴干，使漆变硬。雕漆又名剔漆，有红、黄、绿、黑几种。以红色最多，又名剔红。雕漆家具是漆家具中的主要品种，传世很多。其中最有代表性的是北京雕漆。一般所说的漆器，主要的表现手

❁ **清乾隆·雕漆山水战士图挂屏（一对）**
◎尺　　寸　高112.5厘米

※鉴赏要点　挂屏髹红漆，屏心雕刻山水战士图，边框镀金，雕刻蝙蝠纹。雕刻细腻、生动。

❁ **清·剔彩王质遇仙图插屏（一对）**
◎尺　　寸　高43.2厘米

◎成 交 价　HKD 191 200

※鉴赏要点　此插屏为木胎，髹红漆，漆色肥厚。屏座剔红浮雕山水、亭台、楼阁及折枝牡丹等纹饰，屏心为锦地上浮雕王质遇仙图。工艺熟练，艺术价值较高。

法是把漆涂在漆胎上或是在漆器上刻花之后再涂一层漆，也有的是镶上或用漆色画上图案、花纹等，产品的品种主要是室内家具。北京雕漆则不然，它是以雕刻见长。在漆胎上涂几十层到上百层漆，厚约15毫米～25毫米，再用刀进行雕刻，故称"雕漆"。在史书上雕漆又被称为"剔红"，这是习惯性的称法，因为在古代的雕漆制品中，主要是以红、黑颜色为主。

　　雕漆工艺和其他的传统艺术一样，有其自身的发展和风格演变过程。史料记载，北京雕漆始于唐代，兴于宋、元，盛于明、清。明代，雕漆工艺发展很快，是中国雕漆艺术成熟的时期，并以明永乐、宣德两世为最盛。当时的雕漆名手，都是世代相传，如张成之子张德刚，杨茂的后代杨埙，都是技艺高超的名匠。

❀ **清乾隆·剔红山水人物图多层盖盒**

◎尺　　寸　宽16.7厘米

◎成　交　价　HKD 204 000

❀ **清中期·雕漆人物挂屏（一对）**

◎尺　　寸　高12.6厘米

※**鉴赏要点**　此挂屏以木为胎，外髹红漆，一屏心雕刻山水人物纹，另一屏心雕刻楼阁人物纹，两屏边框雕刻缠枝花卉纹。雕工精细，色彩鲜艳。

当时的雕漆制品，仍以红为多，朱红含紫，稳重沉着。品种也以盒为多，盘、匣次之。小件较多，大件较少。制胎则以木胎、锡胎为主，也有金银胎。在图案方面，山水人物、花卉鸟兽的题材较多，这与元代花卉、锦地的做法大不相同，其刀法流畅，藏锋清楚，较宋、元两代的刀法变化要多，雕刻工细，表现形象生动。这一时期的优秀作品在北京故宫博物院、上海博物馆和南京博物院都有珍藏。清代的雕漆工艺品，大多数是在乾隆和嘉庆年间制作的。

乾隆年间，由于皇帝本人喜爱雕漆制品，因此，大力提倡生产，宫廷所用的雕漆品种繁多，这样便使雕漆生产在乾隆时期出现了空前的繁荣局面。当时的雕漆制品，品种丰富，屏风、桌椅、小盘、小盒、小瓶和小罐等都有。以木胎、锡胎为主，也有用脱胎的，造型精致，富于变化，颜色也增多，并且还有与玉石镶嵌结合

❀ **清·雕漆八宝插屏**

◎尺　　寸　高46厘米

而成的产品。图案方面，除花鸟、人物外，开始有各种吉祥如意的图案。在构图上绵密多层次，以多见长。和明代不同的是不注重磨工，但具有严谨、精致、华丽的特色。以花卉题材为多，有自然灵活、层次鲜明、立体感较强等特点。

❀ 清·剔红山水人物纹圆盒
◎尺　　寸　直径37厘米

◎成 交 价　RMB 132 000

※鉴赏要点　此盒弧形盒盖的圆平面上是剔红山水人物纹，天、地及水均雕刻细腻，围以回纹与莲瓣纹；盒与盖两边上的海棠形开光内浮雕山水人物纹，开光之间为莲花纹；圈足回纹，盒内底髹黑漆，上署"大清乾隆年制"六字篆体印章款。

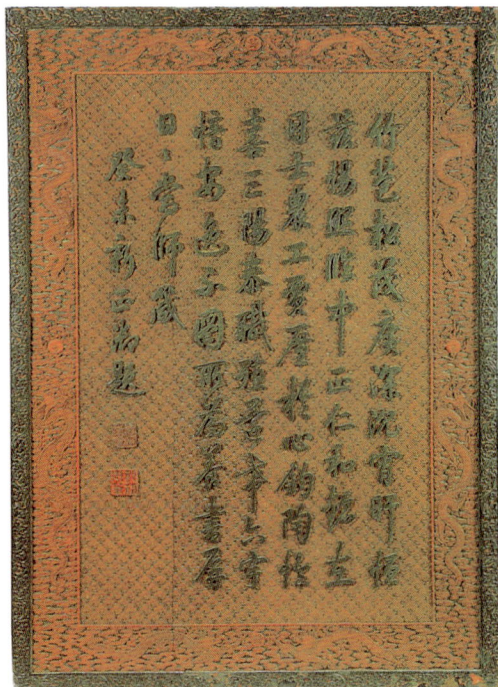

❀ 清乾隆·雕漆嵌绿石御题挂屏
◎尺　　寸　86厘米×122厘米

◎成 交 价　RMB 6 820 000

❀ 清乾隆·剔红雕花卉纹菱式多宝格盖盒
◎尺　　寸　高17.5厘米

◎成 交 价　HKD 120 000

※鉴赏要点　盒为木胎，盖髹红漆，上及四面开光内浮雕折枝牡丹纹，外为锦地。内体开光剔彩装饰，开光外则为锦纹。底座有披牙，三弯腿，外翻云纹足，踏托泥，皆髹红漆。

❀ 清·剔红座架三叠式盒

※ 鉴赏要点 鉴赏要点此盒为木胎，共三叠，盒盖为银锭式开光，于金色锦地上浮雕博古纹。盒内层以剔彩手法为主，外层以剔红手法为之，底座用剔红手法作成楼阁状，纹饰繁缛。

❀ 清·黑漆描金灯台
◎尺　　寸　　高203.2厘米

❀ 描金漆家具

　　描金漆家具，是在素漆家具上用半透明漆调彩漆描画花纹，然后放入温湿室，待漆干后，在花纹上打金胶（漆工术语曰"金脚"），用细棉球着细金粉贴在花纹上。这种做法又称"理漆描金"。如果是黑漆地，就叫黑漆理描金；如果是红漆地，就叫红漆理描金，也有紫漆理描金等。黑色漆地或红色漆地与金色的花纹相衬托，具有一种绚丽华贵的气派。

　　描金漆家具的做法有用一色作画的，也有用金色深浅不一的几种原料作画的，即描金和彩绘。在漆家具上施以描金彩绘，是清代工匠的惯用手法。当时生产漆家具的地区很多，如湖南浏阳生产的彩漆人物屏障，广东制造的漆几、漆匣等，山西绛县生产的橱柜、屏风及隔扇等，无不做工精细，技艺纯熟。彩绘中有金漆彩绘、银漆彩绘、朱漆彩绘及黑漆描金等不同手法，堪称五花八门。

❀ 清中期·黑漆雕花描金罗汉床
◎尺　　寸　　213厘米×143厘米×77厘米

※鉴赏要点　　此罗汉床造型奇特异常。座面上三面围子，似一幅长卷，蜿蜒舒卷、层层叠叠。画面似隐似现，内容丰富，有彩绘人物故事、树木、山石、花卉及博古等纹饰。边缘部分及两端描金。座面攒框镶席心，冰盘边沿下带束腰。两腿间大垂洼膛肚牙子，浮雕拐子纹并描金。腿足描金雕螭纹，足下踏有怪兽。

❀ 明·黑漆描金条桌（一对）

◎尺　　寸　99厘米×45厘米×86厘米

※鉴赏要点　条桌攒框镶板桌面，面下两根穿带直透大边。冰盘沿下束腰平直。腿子缩进桌面，下端内翻马蹄。腿间高拱罗锅枨，留出角位空间，以镂雕描金螭纹填充其间。此桌与半桌相仿，可组合使用。

❀ 明早期·黑漆描金山水插屏

◎尺　　寸　48厘米×27厘米×53.5厘米

※鉴赏要点　屏扇四边以棕角榫攒框镶板，框上依稀可见描金万字锦纹。屏心有描金山水、树、石和花草痕迹，四周环有绦边。屏座以短柱为界，分出二格，内装梭子形开光的绦环板。前后皆有门式披水牙，两侧锼出云纹。屏柱立于抱鼓墩中间，并有站牙抵住。座下装有托泥。此物相貌异常古朴，画面描金已有缺失。

❀ 清·黑漆描金柜格

◎尺　　寸　长85.1厘米

※鉴赏要点　柜格齐头立方式，格下对开两扇门。中间立栓，四角攒边门框，内装板。直足，铜包脚。格内板上下对称描金双龙戏珠纹，门板为描金升龙纹。其余边框部分为描金花草纹等。

117

❧ 明·描金大漆盒
◎尺　寸　30厘米×16厘米×13厘米

❧ 明·黑漆描金山水图立柜
◎尺　寸　高158厘米

※鉴赏要点　柜为四面平式，对开两扇门，门上有铜合页、锁鼻和拉环，分上下两层，腿间有门牙板。立柜门及牙板各绘描金漆楼阁山水人物图，两侧绘湖石、花木。

❧ 清乾隆·雕漆描金嵌葫芦形瓷板挂屏
◎尺　寸　高57.4厘米

※鉴赏要点　挂屏中心瓷板为葫芦形，常见于清宫各殿房墙壁装饰。绶带系于中央，两端下垂呈飘带状，"绶"谐音"寿"，长长的绶带象征长寿。挂屏地子采用雕漆描金饰葫芦花卉纹饰，藤叶饱满，枝连蔓带，象征子孙万代。木框凹凸线条干净利落，美观大方。

❀ **清早期·黑漆描金大皮箱（一对）**
◎尺　　寸　119厘米×64厘米×64厘米

※鉴赏要点　此箱木胎包牛皮，黑漆描金，五面皆有不同图案，内容为清前期常用的五老观图，携琴访友，指日高升，双凤戏牡丹等。此箱描绘精细，白铜面叶、拉手更衬出此箱的雅致。

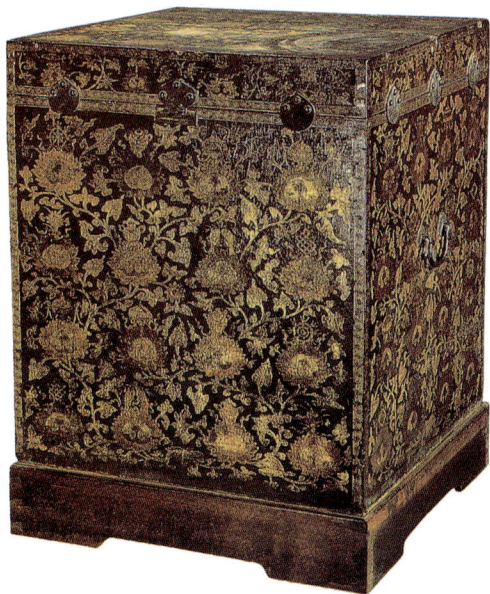

❀ **清乾隆·彩绘描金漆楼台狮子灯台（一对）**
◎尺　　寸　高179厘米

◎成 交 价　HKD 358 500

❀ **明万历·缠莲八宝彩金象描金紫漆大箱**
◎尺　　寸　高97厘米

◎成 交 价　RMB 1320000

识文描金家具

识文描金是在素漆地上用泥金勾画花纹。其做法是用清漆调金粉或银粉，要调得相对稠一点，用笔蘸金漆直接在漆地上作画或写字。其特点是花纹隐起，犹如阳刻浮雕。由于黑漆地的衬托，色彩反差强烈，使图案更显生动活泼。

❀ 清乾隆·识文描金花蝶纹八方盒
◎尺　寸　直径42厘米

※鉴赏要点　此盒八方形，随形圈足，盒壁上、下各有金丝编织透空八开光，盒金漆地识文描金，描红、黑色漆，八团"寿"字，蝙蝠、蝴蝶及瓜果纹，红漆里，黑漆底。盒胎骨轻巧，全彩鲜丽。

❀ 明·识文描金花鸟箱
◎尺　寸　高24.2厘米

※鉴赏要点　上开盖，箱体正面有铜制面叶和拍子，箱体四周和顶盖先用厚漆堆出花鸟纹饰，然后用稠漆勾纹理，再打金胶，上金泥。

❀ 清·蝶纹洒金地识文描金葵瓣式捧盒
※鉴赏要点　此盒呈葵瓣式，木胎。盒面葵瓣式开光，内洒金地识文描金蝶纹和瓜果纹。纹饰色彩对比清晰，层次感强，描金效果非常明显。

罩金漆家具

罩金漆是在素漆家具上通体贴金的，然后在金地上罩一层透明漆的一种工艺。罩金漆，又名"罩金"，北京故宫博物院太和殿的金漆龙纹屏风、宝座即是罩金漆家具的典型实例。这件屏风横525厘米，纵102.5厘米，高425.5厘米。清初制作。屏风由七扇组成，正中最高，两侧分别递减。每扇上下各有三条横带，内镶绦环板心，正中雕海水纹或云龙纹。屏风正中镶大块绦环板，雕刻双龙戏珠图案，每扇均雕升龙、降龙各一。屏风的边框，用料粗壮，正中起双线，按屏风的制作多为组合式，拆装方便。而这件屏风由于它特定的位置，不需挪动，故制作时采用诸扇榫卯衔接，使整个屏风形成一个坚实牢固的整体。屏风前的宝座上层高束腰，四面开光透雕双龙戏珠图案。透孔处以蓝色彩地衬托，显得格外醒目。座上为椅圈，共有13条金龙盘绕在六根金漆立柱上。椅背正中雕一盘龙，昂首张口，后背盘金龙，中格浮雕云纹和火珠，下格透雕卷草纹，两边饰站牙和托角牙，座前有脚踏。拱肩，曲腿，外翻马蹄。高束腰，上下刻莲瓣纹托腮。中间束腰饰以珠花，四面牙板及拱肩均浮雕卷草及兽头，与宝座融为一体。整套屏风宝座通体贴金罩漆，这种工艺一般要贴两三遍金箔才能达到预想效果。贴金工序完成后，在外面罩一层透明漆，即为成器。整套屏风宝座，不仅形体高大，而且还坐落在一个长7.05米，宽9.53米，高1.58米的台座上。加上六个沥粉贴金龙纹大柱的衬托，交相辉映，使整个大殿都显得金碧辉煌。也正由于它非凡的气势，封建统治者都把它作为皇权至高无上的象征。

❀ 明崇祯·彩绘描金人物图漆盒

◎尺　　寸　高29.5厘米

◎成 交 价　RMB 220 000

❀ 太和殿金漆龙纹屏风、宝座（北京故宫太和殿）

❋ 填漆戗金家具

填漆和戗金是两种不同的漆工艺手法。填漆即填彩漆，是先在做好的素漆家具上用刀尖或针刻出低陷的花纹，然后把所需的彩漆填进花纹。待干涸后，再打磨一遍，使纹地分明。这种做法使花纹与漆地齐平。戗金、戗银的做法大体与填漆相似。也是先在素漆地上用刀尖或针划出纤细的花纹。然后在低陷的花纹内打金胶，再把金箔或银箔粘进去，形成金色或银色的花纹。它与填漆的不同之处在于花纹不是与漆地齐平，而是仍保持阴纹划痕。填漆和戗金虽属两种不同的工艺手法，但在实际应用中经常混合使用。以填漆和戗金两种手法结合制作的器物在明清两代备受欢迎，北京故宫博物院的收藏品中这类实物很多。

❀ **清·锦地凤纹戗金细钩填漆莲瓣式捧盒**

※鉴赏要点　此盒呈莲瓣式，盒面中间莲瓣形开光内绘双凤纹和缠枝莲花纹，边缘饰回纹一周。六瓣莲花瓣内开光绘云鹤纹。此盒最突出的特点是双凤纹和缠枝莲花纹不仅轮廓戗金，纹理也密施戗划，因而金色成为花纹的主调，十分醒目，起到了锦上添花的效果。

❀ **明·龙纹戗金细钩填漆箱**

※鉴赏要点　上开盖，正面有长方形面叶及拍子，面叶为铜错金，两侧安铜提环。箱体四周及箱盖皆开光锦地饰海水江崖、双龙戏珠和缠枝花卉纹，开光外饰锦地缠枝莲纹。下有须弥台式箱座，饰缠枝纹。

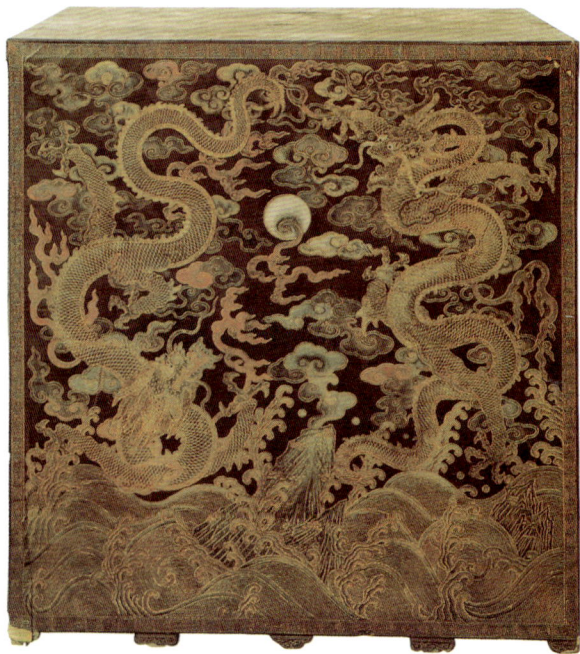

❀ **清早期·填漆戗金龙戏珠纹十屉柜**

◎尺　　寸　52.5厘米×42厘米×56厘米

※鉴赏要点　正面原为对开两扇门，现缺损一扇门。门上有铜饰件，柜两侧安铜提环。门内平设十个抽屉，底承云头形足。通体戗金双龙戏珠纹，下部为海水江崖纹，间布朵云。抽屉面上填漆描金斜万字锦地纹。

菠萝漆家具

菠萝漆是将几种不同颜色的漆混合使用的一种工艺。做法是在漆灰之上先油一道色漆，一般油得稍厚一些。待漆到七八成干时，用手指在漆皮上揉动，使漆皮表面形成皱纹。然后再用另一色漆油下一道，使漆填满前道漆的褶皱。之后再以同样做法用另一色漆油下一道。待干后用细石磨平，露出头层漆的皱褶来。做出的漆面，花纹酷似影木，俗称"影木漆"。有的花纹酷似菠萝皮或犀牛皮，因此又称"菠萝漆"或"犀皮漆"。这类漆器家具传世品极为少见。

❖ **明·犀皮金漆长方箱**

◎尺　　寸　　37.4厘米×20.7厘米

◎成 交 价　　RMB 200 000

※鉴赏要点　上开盖，正面有菱花形面叶及拍子，两侧有提环。通体髹菠萝漆。造型简洁，髹漆肥厚，风格明显。

❖ **清·菠萝漆提盒**

◎尺　　寸　　高22厘米

※鉴赏要点　此提盒为两层，外有提梁，携带方便。通体以菠萝漆工艺制成，饰多色不规则的纹饰。提盒有"同治三年春朱府用"字样，说明此盒曾为"朱府"所有。该提盒的器型在明早期的雕漆中已有，但以菠萝漆工艺制作的提盒尚不多见。

堆灰家具

堆灰又名堆起，是在家具表面用漆灰堆成各式花纹，然后在花纹上加以雕刻，作进一步细加工，再经过髹饰或描金等工序形成的独具特色的家具品种。堆灰又称隐起描金或描漆。其特点是花纹隆起，高低错落，有如浮雕。现藏于北京故宫博物院的黑漆地堆灰龙纹大柜，横92厘米，纵75.5厘米，高90厘米。现存八件，清初制品。原为坤宁宫西炕两侧所设立柜，据清宫档案记载，乾隆十八年（1753）因坤宁宫大柜底柜年久，漆面破损，即将原柜撤下收贮，另做一对花梨木大柜陈放原处。漆柜的底柜因漆面伤损严重，着令改作别用，只留这八只顶柜保存至今。这八只顶柜分为两组，每两只合拼为一层，重叠两层放在一个底柜上。其高度几乎贴近天花板，达518.5厘米。每柜对开两门，门板正中以堆灰手法做菱形开光，当中用漆灰堆起到一定高度后雕刻龙纹，经磨光后上金胶，将金箔粘上去。除纹饰部分外，其余全部为黑漆地，金碧辉煌的龙纹在黑色漆地的衬托下，显得格外醒目。

❀ 清早期·黑漆地堆灰龙戏珠纹顶柜
◎尺　　寸　92厘米×75.5厘米×90厘米

※鉴赏要点　四面平式，对开两扇门，门面堆灰菱形式开光，饰龙戏珠纹。柜一侧也有菱形式开光，饰龙戏珠纹。

❀ 黑漆地堆灰龙戏珠纹顶柜（局部）

❀ 清康熙·彩绘黑漆供奉贺寿围屏（十二扇）

◎尺　　寸　268厘米×48厘米

◎成 交 价　HKD 454 100

※鉴赏要点　此屏风共12扇，有挂钩连接。屏心绘一幅贺寿图，场景热闹非凡。圈边内绘缠枝花卉纹，边外绘博古及花卉。此屏纹饰内容丰富，刻画精细入微，色彩明快艳丽。

🌿 刻灰家具

刻灰又名大雕填，也叫款彩。一般在漆灰之上油黑漆数遍，干后在漆地上描绘画稿。然后把花纹轮廓内的漆地用刀挖去，保留花纹轮廓。刻挖的深度一般至漆灰为止，故名刻灰。然后在低陷的花纹内根据纹饰需要填以不同颜色的油彩或金、银等，形成绚丽多彩的画面。其特点是花纹低于轮廓表面，在感觉上，类似版画。在明代和清代前期，这种工艺极为常见，传世实物较多，小至箱匣，大至多达十二扇的围屏。

❀ 清康熙·通景庭院博古纹黑漆款彩屏风

◎尺　　寸　40.6厘米×214厘米

❖ 明·黑漆款彩楼阁人物纹屏风
◎尺　寸　656厘米×312厘米

※鉴赏要点　此屏风共12扇，髹黑漆。每扇屏风可分可合。屏心款彩绘楼阁人物图，楼阁崔巍，气势非凡，人物众多，熙来攘往。屏风四围各饰博古纹。

❖ 清康熙·黑漆款彩屏风（六扇）
◎尺　寸　293厘米×278厘米

※鉴赏要点　此屏风共六扇，边框为乌木制。屏心正面绘楼阁人物纹饰，四围饰博古纹。结构规整，图案丰富，充分表达了福寿吉祥之意。

❖ **清·黑漆款彩八扇屏**

◎尺　　寸　高275厘米

❖ **明·刻灰庭院人物纹屏风**

◎尺　　寸　高275厘米

※**鉴赏要点**　此屏风共12扇，屏心内刻灰绘庭院人物图，有小桥流水、曲沼风荷和垂柳摇曳等景象，人物刻画千姿百态，艺术性极高。

嵌螺钿家具

嵌螺钿家具常见的有黑漆螺钿和红漆螺钿两类。螺钿分厚螺钿和薄螺钿两种。厚螺钿又称硬螺钿，其工艺是按素漆家具工序制作，在上第二遍漆灰之前将螺钿片按花纹要求磨制成形，用漆粘在灰地上，干后，再上漆灰。要一遍比一遍细，使漆面与花纹齐平。漆灰干后略有收缩，再上大漆数遍，漆干后还需打磨，把花纹磨显出来，再在螺钿片上施以必要的毛雕，以增加纹饰效果，即为成器。

薄螺钿又称软螺钿，是与硬螺钿相对而言的，其材取自贝壳之内的表皮。常见薄螺钿如同现今使用的新闻纸一样薄。惟因其薄，故无大料，加工时在素漆最后一道漆灰之上贴花纹，然后上漆数道，使漆盖过螺钿花纹。再经打磨显出花纹。在粘贴花纹时，匠师们还根据花纹要求，区分壳色，随类赋彩，因而收到五光十色、绚丽多彩的效果。

清代螺钿注重选料，装饰风格华美。清中期的螺钿镶嵌漆家具在继承明代的基础上得到很大发展，代表了清代螺钿工艺的最高水平，不仅数量多，而且制作的器物范围也很广，大到屏风、宝座、床及柜，小到案几、桌及椅，品种齐全。

❀ 明万历·嵌螺钿黑漆牡丹诗文案
◎尺　寸　58.3厘米×16.3厘米×36.3厘米

※鉴赏要点　漆案为有束腰三弯腿式，木胎披麻，形制精巧典雅。漆案表面髹黑漆嵌螺钿，内里髹朱漆，漆面断纹明显。嵌螺钿成牡丹、竹叶、山石和蝴蝶图案，山石嶙峋，竹叶道劲，枝叶舒展。

❀ 清·硬木嵌镙钿圆桌
◎尺　寸　85厘米×110厘米

❀ 清早期·黑漆嵌螺钿竹梅纹插屏
◎尺　寸　63厘米×29厘米×57厘米

※鉴赏要点　屏心两面皆有装饰，一面嵌木雕梅树、竹枝，嵌螺钿梅花；另一面嵌竹雕朱色竹枝。框与座一体连做，花边站牙，横梁下有长条透孔，正中上翻云头，抵住上梁，披水牙中心垂注膛肚。框、座皆黑漆地洒螺钿装饰。

Gemstone

古典家具收藏知识百科

撒嵌螺钿沙加金银家具

　　撒嵌螺钿沙加金、银家具是在上最后一遍漆时，趁漆未干，将金箔、银箔或螺钿碎末撒在漆地上，并使其黏着牢固，干后扫去表面浮屑，打磨平滑即成，其特点是绚丽华贵。现藏于北京故宫博物院的明万历时期的黑漆撒嵌螺钿加描金龙纹书格，长157厘米，宽63厘米，高173厘米。书格为齐头立方式，分三层，后有背板，两侧面各层装壶门形券口牙子。此书格通体黑漆地撒嵌螺钿碎沙屑加金、银箔，格内三层背板前面饰描金双龙戏珠纹，间以朵云立水。边框开光描金赶珠龙纹，间以花方格锦纹地。屉板描金流云纹，两侧壶门形券口牙子饰描金串枝勾莲纹，足间镶拱式牙条和牙头。黄铜足套，背面绘花鸟三组，边框绘云纹。背面上边刻"大明万历年制"填金款。

❀ 明万历·黑漆撒螺钿描金龙戏珠纹书格
◎尺　　寸　157厘米×63厘米×173厘米

※鉴赏要点　格分三层，后有背板，两侧面各层均装壶门行券口牙，腿间镶拱式牙条，黄铜足套，架内背板正面每层均描金双龙戏珠纹。屉板饰描金流云纹。背板背面分别绘月季、桃和石榴三层花鸟图，第一层上方刻"大明万历年制"填金款。

❀ 清初·螺钿加金银片婴戏图黑漆箱（顶部）
◎尺　　寸　27.3厘米×27.3厘米x 28.4厘米

※鉴赏要点　箱为黑漆地，两侧有鎏金凤纹铜环，正面及上顶有可以抽插的门。箱内装抽屉，共五具，是为贮放图章一类小器物而设的。箱的插门、两侧面、背面以及抽屉的外面立墙，都嵌婴戏图。

古典家具的 结构

Classical Furniture

　　中国古典家具多采用木架构造形式，并深受中国古代建筑艺术的影响，因而在家具制作上产生了极其精密科学的榫卯结构。一件家具，都要由若干个构件组合而成，构件与构件的结合处，都通过各种形式的榫卯把各个构件巧妙地连接起来。无论家具的尺度、线条和设计是如何漂亮，其结合方式都只是简单的槽接，榫卯及木销，它们构成了中国古代家具制作的精髓，令西方人赞叹不已。

　　殊不知铆榫结构，在春秋战国时代就大局初定，并经过两千多年的不断改进和发展，成为中国古典家具的重要特征，并一直沿用至今。到了明清时期，榫卯结构发展到了高峰。匠师们能够把复杂而巧妙的榫卯按照他们的意图制造出来。构件之间，全不用金属钉，单凭榫卯就可以做到上下左右粗细斜直连接合理，面面俱到。其工艺之精准，扣合之严密，间不容发。

　　清式家具在结构上承袭了明式家具的榫卯结构，充分发挥了插销挂榫的特点，技艺精良，一丝不苟。凡镶嵌方面的桌、椅、屏风，在石与木的交接或转角处，都是严丝合缝，无修补痕迹，平平整整地融为一体。

横材与竖材的结合又称"格肩榫"。传统家具在制作过程中的很多地方都会出现横材与竖材的交接，大自桌或大柜的帐子和腿足的连接，次如衣架或四出头官帽椅的搭脑、扶手和腿足的相交，或杌凳横枨、椅子管脚枨与凳椅的腿足的相交，小至床围子、桌几花牙子的横竖材攒接。格肩又分大格肩、小格肩、实肩和虚肩。精致的明及清前期的椅子，多数四面全用格肩榫，较粗糙的则正面用格肩榫，侧面和背面用齐肩膀，粗糙的四面一律用齐肩膀。所谓"齐肩膀"的造法，又名"齐头碰"。往往在横竖材一前一后并不交圈的情况下才使用。

大格肩小格肩

大格肩有实肩和虚肩之分，小格肩都是实肩。实肩是在横材两端做出榫头，在榫头的外侧做出45°等边直角三角形斜肩，三角形斜肩紧贴榫头，然后在竖材上凿出榫窝，并在外侧开出与榫头上三角形斜肩相等的豁口，正好与榫头上的斜肩拍合。格肩的作用，一是辅助榫头承担一部分压力，二是打破接口处平直呆板的气氛，这种做法称为大格肩。

小格肩是把紧贴榫头的斜肩抹去一节，只留一小部分，其目的是少剔去一些竖材木料，以增加竖材的承重能力，是一种较科学的做法。它既保持了竖材的支撑能力，同时也照顾到了辅助横材承重的作用。这种做法一般用于柜子的前后横梁或横带上。

❀ 清·黄花梨罗锅枨条桌

◎尺　　寸　167厘米×72.5厘米×84厘米

◎成 交 价　RMB 50 000

❧ 明·紫榆翘头案
◎尺　　寸　193厘米×40厘米×88厘米

※鉴赏要点　此案案面两端装翘头，面下四腿以夹头榫各夹一镂雕草龙的花牙，与案面相接，花牙之间互不相连，为增加其牢固，或与案面粘连，或出榫与案面相接。前后腿间各有二枨。腿枨皆为方材，下端微微出叉，名曰"骑马叉"。

❧ 清·黄杨木花架
◎尺　　寸　44厘米×83厘米

※鉴赏要点　几面下有束腰，隔段有长方形开光。束腰下有托腮，牙条上雕饰花纹。拱肩直腿，装管脚枨。造型大方。

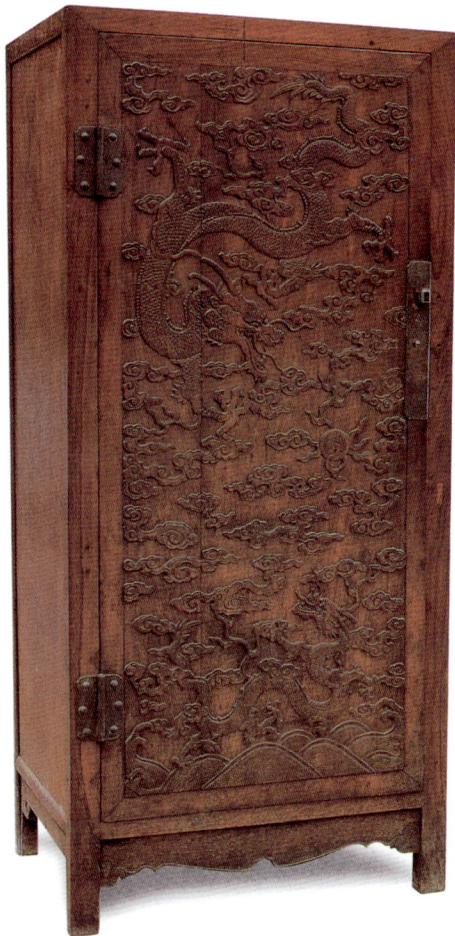

❧ 清初·黄花梨海水云龙纹单门柜
◎尺　　寸　79厘米×53厘米×175厘米

※鉴赏要点　此柜为单门方角柜，门框内镶板，板上满雕海水云龙纹。边框装合页。做工精细，雕饰华美。

❀ 明末清初·黄花梨盆架
◎尺　　寸　73.7厘米×48.9厘米

※鉴赏要点　盆架为黄花梨木制，架间安上下两组横枨，分别由三条横枨交叉结合而成，每一横枨以格肩结构与竖材结合，架上上仰，架下六足外撇。通体无任何纹饰，简洁明了，是典型的明式家具风格。

❀ 清·铁梨木狩猎桌
◎尺　　寸　102.5厘米×85.5厘米

※鉴赏要点　通体为铁梨木制，桌腿与牙板用插肩榫结构。四腿甚矮，尽端做出外翻马蹄。两侧腿间另安活腿，活腿中间有活动杆，用于固定活腿，并使活腿可以折叠。活腿上窄下宽，打开时有明显的侧脚收分。这类家具多用于室外活动，或外出巡幸，便于携带。

古旧民间家具损坏的原因

　　造成古旧家具损坏主要是自然因素，包括温湿度、紫外线和红外线等造成的老化，以及真霉、害虫造成的腐朽。一是造成无法修复的自然损害因素。一般单纯温湿度导致的损伤是相对轻微的，而光线照射造成的木材干裂、翘曲和变形不仅是无法避免，也是修复中无法根除的。只能充分利用留下的痕迹，去营造高古的感觉。由于古时地面多铺砖石，潮气会顺着家具腿足部位端面的导孔和缝隙渗入，从而导致家具的腿部掉蜡泛白（一般紫檀、黄花梨等硬木家具的腿足部位颜色会更深），除非使用现代木材的漂洗和蒸煮技术，一般无法彻底改善，所以常常在修复中通过做漆和烫蜡等表面处理方法，来加强家具的年代感。二是可以修复的物理损害因素。目前，可以修复的都是一些因使用和存放不当等人为因素导致的物理损伤。一般有眼力的收藏者会喜欢买进这种家具残件，经专业修复翻新后，达到枯木回春、起死回生的奇效。由于严重的物理伤害常常造成无法挽回的恶果，比如冲击造成的折断，一般不再修复，而是使用这些古旧民间家具的古旧木料重新制作出所谓的古旧家具。

虚肩也叫飘肩，它与实肩的区别是三角形斜肩不是紧贴榫头，而是与榫头之间留出空隙，不与榫头相连。在竖材的榫眼外侧，也挖出与虚肩大小相同的豁口，但不与榫眼相连。这样做的目的也是少剔去一些竖材，以免削弱立柱的支撑能力。在桌类、椅凳类家具的上下横枨上，就常用这种做法。

飘肩的做法是横材与竖材都是圆材，为了把横竖材连接得圆润、柔和，使横竖材的圆面齐平，在横材的榫头两边做出弧形圆口，榫头与榫窝合严之后，弧形口正好与竖材圆面合严。这种做法称为飘肩。

❧ 黄花梨夹头榫折叠式大平头案（明式）
◎尺　　寸　208.6厘米×63.5厘米×85.6厘米

※鉴赏要点　通体为黄花梨木质地。光素的案面，四边格角攒框镶板，板心下横穿五条带，具为透棒。牙板两端镂出云纹牙头，且为一木连作，牙板贯穿两腿，腿子上端打槽开榫，夹着牙头与案面相交，名为夹头榫结构。方腿委角，装双横枨，皆为透榫。

❧ 清·榆木平头案
◎尺　　寸　226厘米×62厘米×83.5厘米

※鉴赏要点　此案采用夹头榫结构，圆腿，素牙板，为明式家具的最基本形式。浑身光素，不琢一刀。

直材的角结合

桌案、椅凳及柜门等板面四框的结合，或椅背、扶手等立柱与横梁的直角结合都称为直材角结合，直材角结合又称"格角榫"，有明榫与暗榫的区别。明榫多用在桌案板面的四框和柜子的门框处。暗榫，也叫闷榫，凡两部件结合后不露榫头的都叫闷榫或暗榫。暗榫的形式多种多样，单就直材角结合而言，就有单闷榫和双闷榫。单闷榫是在横竖材的两头一个做榫舌，一个做榫窝。双闷榫是在两个拼头处同时做榫头和榫窝。两接头的榫头一左一右，榫窝亦一左一右，与榫头相反，这样两侧榫头就可以互相插进对方的槽口。还有一种闷榫结合方法，横竖材都切出45°斜面，在斜面上凿出榫窝，再用一块方木块插入两边的榫窝，用胶粘牢。直材角结合还有不用45°斜面的，它是把横材下面做出榫窝，直材上端做出榫头，将横材压在竖材上，这种做法俗称"挖烟袋锅"。明式靠椅和扶手椅的椅背搭脑和扶手的转角处常用这种做法。

◎插销
◎边挺 ◎抹头

❀ 闷榫插销

❀ **清·黄花梨圈椅**
◎尺　寸　高97厘米

※鉴赏要点　此椅靠背板根据人体脊背的自然曲线设计成"S"形，方便倚靠。背板上雕饰如意云头纹。壶门由三面素牙条作券口。管腿枨下牙条做成壶门形，圆腿直足。

拼板和框内装板

制作大型家具，用料一般宽厚，一块板不够用时，常用几块板拼接，但如木性不一，就会经常出现翘裂或变形现象。为了使拼缝始终保持平整光洁，就须采取适当的措施处理接缝。常见的薄板拼合是在板材纵向断面起槽，另一面做出与边槽相应的榫舌，把榫舌镶入槽口，用胶粘牢。这种做法，木工匠师们多称之为"龙凤榫"。如果材料不足，数板拼合刚好够用，再做榫舌就会使板材亏损，这种情况就应当在两侧板材拼面都开槽口，再另做一板条镶入两边槽口，使两块板材拼合在一起。

稍厚一点的板材拼合，用在桌面或案面上时，多采用穿带榫。即把板条严好缝，再在一面开出横向通槽，通槽的上口要比槽底窄。在穿带的一面做出与槽口断面相应的榫口，将穿带一头对准槽口向里推。将板条固定在穿带上，这样，板条四边有边框管束，形成平整光洁的整体。

家具的面板或柜子的顶、门、两山及背板大多采用框内镶板做法。先在四框内侧起槽，再将板心的四边镶入槽口，这样就把板心边缘处理在暗处了，既增加了家具的美感，又加固了板心。镶板有两种形式，一种把板心边缘做出与边框槽口深度相同的榫舌，板心镶入通槽后，板面与边框齐平，木工术语称"不落堂"，凡桌案台面都用这种做法。另一种是将板心四边削成斜坡，将边缘镶入通槽，台面上不是平的，面心四周低于边框表面，木工术语称之为"落堂"，这种做法在椅凳的座面和柜门、两山的镶板中较为常见。

❀ 清·黄花梨柜

◎ 尺　　寸　高78厘米

◎ 成 交 价　USD 27 000

※鉴赏要点　此柜为四面平式，两扇门对开。不落堂装板，有白铜合页及面叶，柜下壶门牙条光素无纹饰。此柜结构简洁、整齐，颇具明式风格。

❀ 攒框装板

◎抹头
◎穿带
◎大边
◎面心板

腿与面、牙板的结合形式相当丰富。家具有束腰和无束腰等形式，为了适应不同家具结构实际需要及家具的外形和轮廓线形的变化，于是出现了各种构造和造型的连接形式。家具的腿足结构大多是沿用建筑中大木结构的变化，虽然家具的形式不同，但这种设计的主要特征没有发生变化。腿与面的结合主要有长短榫及夹头榫两类。桌形结体家具不论有束腰和无束腰，多用长短榫，案形结体家具多用夹头榫和托角双头榫。这样的结构设计不但能使上部承受的力均衡地传递到支撑点，而且也兼顾到了外部的美观，体现出了结构的合理性和科学性。

长短榫

长短榫又分粽角长短榫和柱顶长短榫。特点是两个榫头一长一短，而且朝向两个方向。其作用是把边挺和抹头固定在一起，长榫连接边挺，短榫连接抹头。把连接抹头的榫锯短，是因为连接抹头的榫头与边挺伸向抹头的横榫发生了冲突。如果不把这个榫头去短，势必顶住边挺榫头，使案面落不到底。

粽角榫结构是在桌腿与板面边沿平行的两面自长短榫的底部起向上削出45°斜肩，斜肩内侧挖空。把板面边框转角处靠下一些的位置亦剔成45°斜角，组合时，长短榫分别与边挺抹头上的榫窝吻合，同时边框外斜角也正好与腿上的斜肩拍合，这样做的

❀ 清·紫檀镶铜包角炕几
◎尺　　寸　长77厘米
◎成 交 价　RMB 46 200

结果是边框外沿平面与腿子的外平面拼合在一个平面上，只在结合处留下三条棱角和三条拼缝，而这三条棱角和三条拼缝又只有一个交点，由于它多角形的特点，人们常呼其为"粽角榫"或"粽子榫"。

柱顶长短榫与粽角长短榫的不同之处是榫头的外面没有斜肩，它和板面组合后，板面不是与腿足的外面齐平，而是板面伸出腿面。这种做法使腿足的形式富于变化，圆腿、方腿均可，不受面沿限制，还可在面下装饰束腰和各种形式的曲腿。而粽角榫的结构就不然，它只能随面沿形式做成平面，所以粽角榫结构的腿足都用方材。而柱顶长短榫的腿足不仅可方可圆，而且还可以装饰束腰和各式曲腿。

❀ 长短榫

❀ 明·花梨方桌
◎尺　寸　93厘米×84厘米×86厘米

※鉴赏要点　四腿与桌面直接相连，连接处安角牙，牙边起阳线。圆腿，柱础式足。此桌造型极其简单，挺拔坚实。

❀ 清·红木香几

明式家具的消费人群

　　明式家具的消费人群多是有一定阅历和财力的人。通常整套的明式家具要放在较大的环境中，才能体现儒雅的气质，再加上其价格相对较高的事实，使购买明式家具的人大多是富商或有钱的文化人。此外，明式家具还有以下几类追捧者：一些年纪偏大的人，住在西关多年，受西关历史文化潜移默化的影响，但他们的爱好范围，仅局限于平时耳熟能详的某类明式家具或饰品，如衣柜、首饰盒等；一些旅居中国的外籍人士，对中国的传统文化有着特殊的兴趣，在中国的家中用的自然多是明式家具；另外，还有一部分年轻人钟爱明式家具古朴、庄重的气质，也乐于购买，只不过他们更看中款式而不是材质。

❀ 黄花梨夹头榫画案（清式）

◎尺　　寸　　172.1厘米×82.5厘米×82.9厘米

※鉴赏要点　此案通体为黄花梨木质地。桌为长方形光素面。四边以格角榫攒框，框内打槽镶板。面下牙板横穿案面，腿上部打槽，夹牙板与案面相交，名为夹头榫。此案通体光素、简洁，造型沉稳、大方，尽显明式家具的明快之感。

古旧民间家具的种类

　　民间家具的概念为：年代集中在清代、也有少数的明代；不用珍贵硬木而是就地取材；由各地木匠自行制作的，供社会中下层使用；充满地方特色和乡土气息的家具。以山西为代表的北方，较多使用榆木、槐木、核桃木；以苏州为代表的长江地区，较多使用榉木、楠木、樟木、柏木、桦木、杉木；以广州为代表的珠江地区，还较多地使用各种果木。一般古旧民间家具使用的榆木是白榆，山西、河北、京津等地的民间家具都以硬阔叶的榆木为主要材料；核桃木是晋作家具的上乘用材；樟木是箱、匣、柜、橱等家具的优选材料，北京地区也用来制作桌椅几案类家具；榉木制作的民间家具造型为纯明式，制作手法也与黄花梨家具一样。

❀ 夹头榫

　　夹头榫是从北宋发展起来的一种桌案的榫卯口结构，实际是连接桌案的腿子、牙边和角牙的一组榫卯结构。案形结体家具的腿与面的结合不在四角，而在长边两端收进一些的位置上，前后两面多采用通长的牙板贯通两腿，形成牙板固定腿足，腿足加固牙板，牙板又辅助腿足支撑案面的多功能结构，这种结构，人们称之为"夹头榫"。其做法是在腿的上端开出横向豁口，豁口两边做出两个与腿的宽度相等的榫头。牙板厚度要大于豁口厚度，把牙板需要插进豁口的部位按腿的宽度剔去一些，使穿插部位的厚度与腿上豁口宽度相等。这样，牙板穿进豁口后腿就不会再扭动。牙板的高度一定要与榫头的底部齐平。牙板由牙条和牙头组成，讲究的用一块整木做成。再上面是案面，案面的边框一般比腿面要宽一些，在与腿结合的部位凿出双榫窝，与腿子上端的双头榫相吻合。

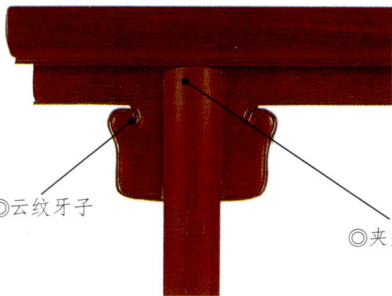

◎云纹牙子　　　　　　　◎夹头榫

❀ 带云纹牙子夹头榫

❀ 明末清初·黄漆花鸟纹条案

◎尺　　寸　长302厘米

※鉴赏要点　案面翘首，直牙条，牙头雕云纹，与腿足形成夹头榫结构。两侧腿间镶板，透雕纹饰。整器满施黄漆，并填绘以花鸟纹。这是典型的明式家具风格的体现。

夹头榫分解示意图

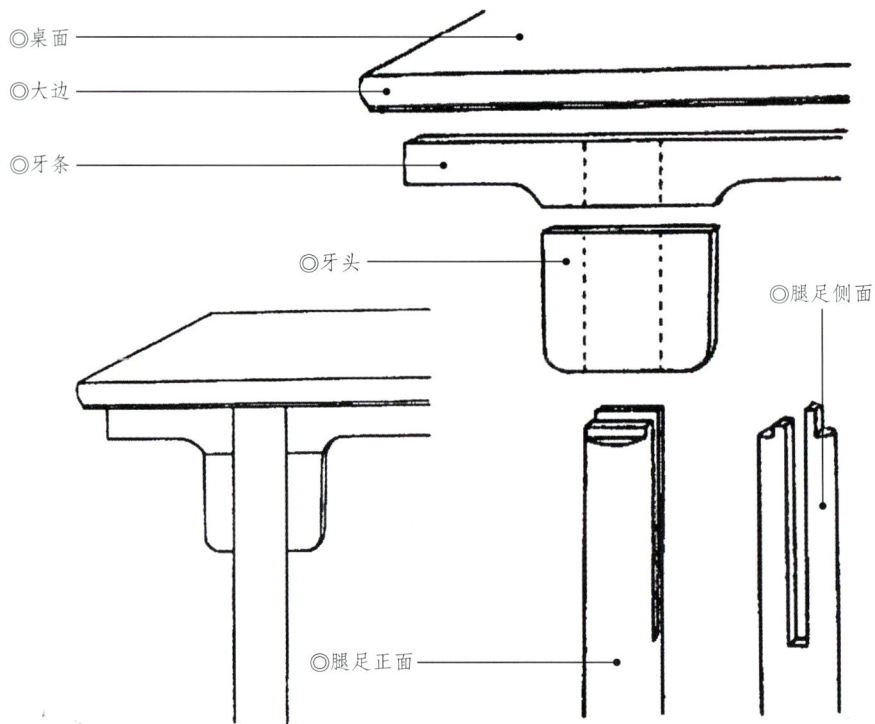

◎桌面

◎大边

◎牙条

◎牙头

◎腿足侧面

◎腿足正面

❀明·紫榆翘头案

◎尺　　寸　193厘米×40厘米×88厘米

※鉴赏要点　此案案面两端装翘头，面下四腿以夹头榫各夹一镂雕草龙的花牙，与案面相接，花牙之间互不相连，为增加其牢固，或与案面粘连，或出榫与案面相接。前后腿间各有二枨。腿枨皆为方材，下端微微出叉，名曰"骑马叉"。

❀清·乌木漆面画案

◎尺　　寸　125厘米×72.5厘米×83厘米

※鉴赏要点　画案为变体夹头榫结构，造型简洁古朴。案面髹漆，面下穿带小修。

清代家具造型及装饰特点

清代家具，经历了近三百年的历史，从继承、演变、发展，以至形成自己的独立风格：1.造型上浑厚、庄重。这时期的家具一改前代的挺秀而为浑厚和庄重。用料宽绰，尺寸加大，体态丰硕。清代太师椅的造型，最能体现清式家具风格特点。它座面加大，后背饱满，腿子粗壮。整体造型像宝座一样雄伟、庄重。2.装饰上求多、求满，富贵、华丽。清中期家具特点突出，成为"清式家具"的代表作。清式家具的装饰，采用多种材料并用，多种工艺结合的手法。甚而在一件家具上，也用多种手段和多种材料，雕、嵌、描金兼取，螺钿、木石并用。但是，过多追求装饰，往往使人感到透不过气采，有时忽视使用功能，不免有争奇斗富之嫌。

❀凤纹牙子夹头榫

抱肩榫

抱肩榫结构和粽角榫结构的原理差不多，它实际上是把粽角榫的斜肩移到榫头以下，这样斜肩交合的也就不是板面四边，而是面下的牙板了。粽角榫的板面斜肩因与边框以一木做成，所以两个斜面只要合缝就行了；而抱肩榫的牙板和腿部斜肩必须做出榫头和榫窝，才能使牙板固定在腿上，以辅助腿足支撑案面。这类榫卯大多用于束腰家具上。

❧ 明·铁梨木雕灵芝纹画案
◎尺　　寸　194厘米×90厘米×85厘米

※鉴赏要点　此案有束腰，腿足向外弯后又向内兜托转，与鼓腿膨牙式相仿。两侧足下与托泥相连，托泥中部向上翻出灵芝纹云头。除桌面外，通体雕饰灵芝纹。刀法精致，纹饰繁复。

抱肩榫分解示意图

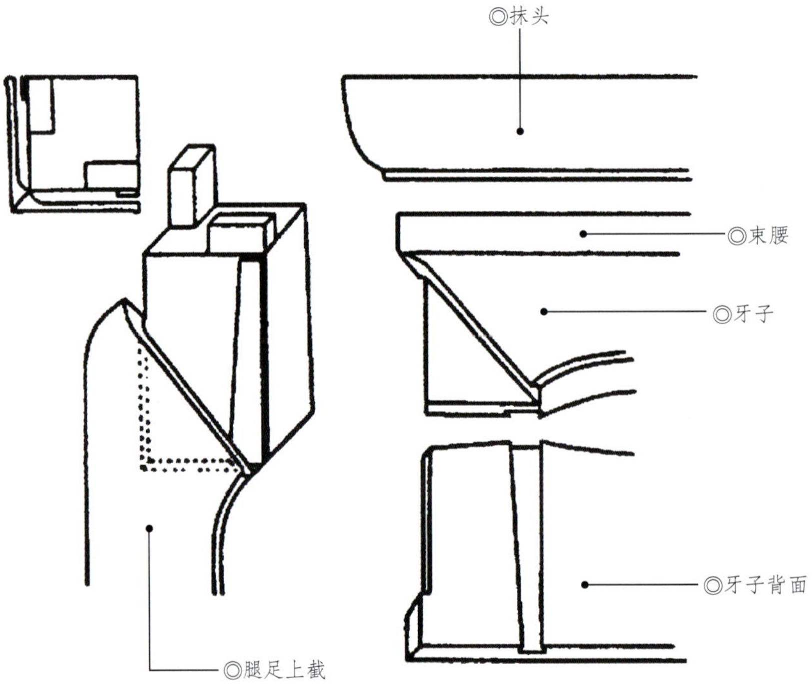

◎抹头

◎束腰

◎牙子

◎牙子背面

◎腿足上截

❧ 清早期·花梨小炕案

◎尺　　寸　57厘米×25厘米×37厘米

※鉴赏要点　案面四周起拦水线，壶门式牙条与腿交圈，牙条与腿以插肩榫结构相连接。两侧腿间装单枨，腿中部与横枨连接处饰云纹翘。腿面正中起线，足端双翻马蹄。

❀ 插肩榫

插肩榫，也属于夹头榫的一种形式。做法与夹头榫基本相同。因为它也同夹头榫一样，分前榫和后榫，中间横向开出豁口，把牙板插在里面。不同的是前榫自豁口底部向上削成斜肩，做成前榫小，后榫大；前榫斜肩，后榫平肩的榫头。插肩榫的牙板也要剔出与斜肩大小相等的槽口，它和夹头榫牙板所不同的是槽口朝前，组合后，牙板与腿面齐平。在看面上留下两条梯形斜线，在一定程度上还起着美化和装饰的作用。

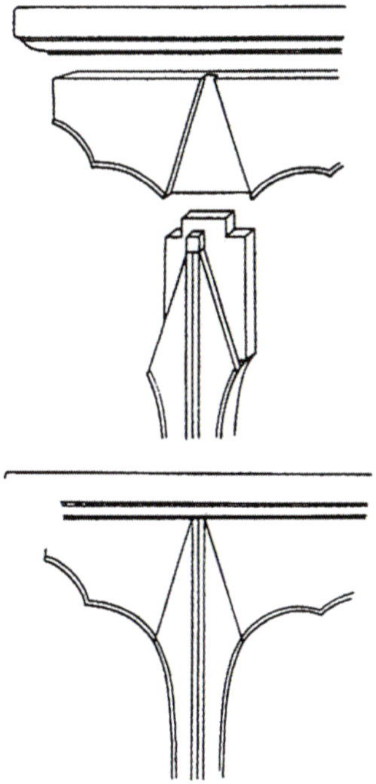

❀ 插肩榫

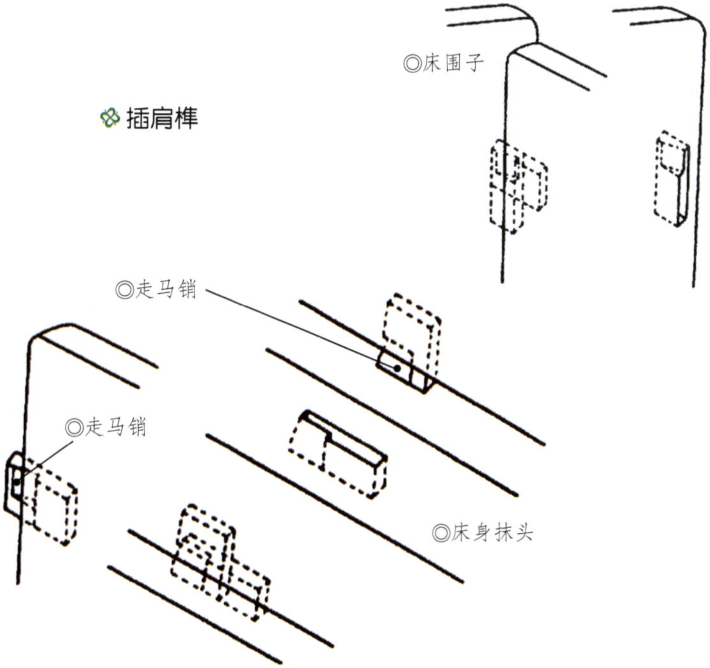

◎床围子

◎走马销

◎走马销

◎床身抹头

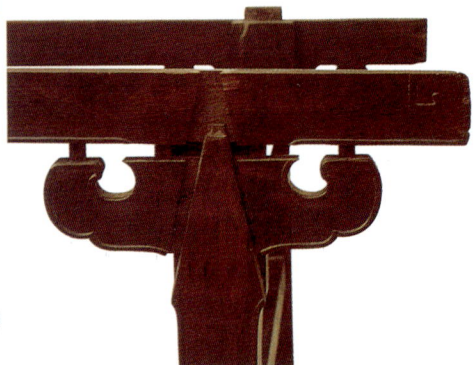

❀ 清早期·松木靠背条椅
◎尺　　寸　　227厘米×44厘米×77厘米

❀ 外插肩榫

❀ 插肩榫

❀ 插肩榫（局部）

腿爪的变化

从家具腿爪的演变，可以看出唐、宋、元的家具刚刚进入高足家具阶段，对腿爪的修饰尚处于空白。明代完成了高足家具的定型，腿爪没有刻意的装饰和变化，明代的桌、几、椅、柜、床，腿爪基本起单一的支撑功能，外形只是在圆或方的原始形态上有些简单变化。清代家具的腿爪改变了方圆为主的简单形式，其样式有搭叶、虎豆、灵珠、如意一根藤、内勾脚、外勾脚、内翻马蹄和外翻马蹄等几十种。这是清代家具重繁复的理念在腿爪装饰上的反映。民国家具受西欧审美理念的影响，家具腿爪的变化极为丰富，较之清代样式更多。由于此时家具的制作引进了机械生产，腿爪上的"机械化"程度最高，明显感到有车、镟、钻等机械成分。家具腿的欧化是显而易见的，如方锥式、凹槽式、弧弯式、纺锤式、圆柱式或螺扭式等。爪作为着地部分也是变化万千，如蹄式、兽爪式、兽爪抓球式、方块式或莲瓣式等。

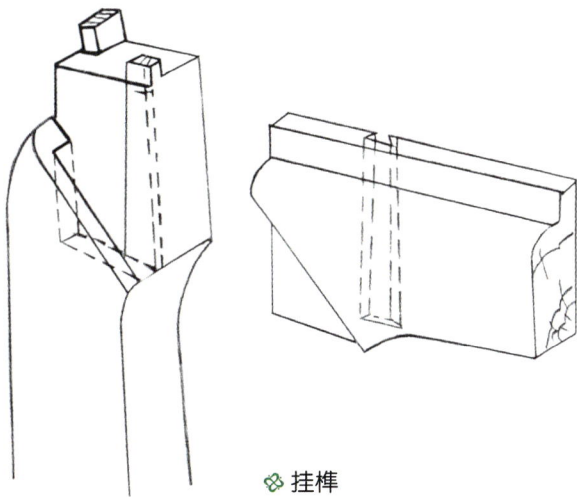

❀ 挂榫

挂榫，是一种酷似抱肩榫的结构。从外表看，它和抱肩榫的位置、形式完全相同，其中除保留抱肩榫的结构外，又在榫头的两个外面的下部各做一竖向挂销，挂销的外面要比里面宽，在牙板内侧，也要做出与挂销大小形状相同的通槽，组装时，将牙板的通槽对准挂销按下去，使腿和牙板的斜肩合严。这种结构，既有拉的作用，又有挺的作用，有效地把四足及牙板牢固地结合起来。它一般用于大型家具中，如床榻类多采用这种结构。凡使用这种结构，足下无须另装底枨或托泥。

02
古典家具的结构

❀ 明晚期·黄花梨木高束腰画桌
◎尺　　寸　宽99.8厘米

※鉴赏要点　此画桌带束腰，四腿内安霸王枨，腿与牙板用挂榫结合。直腿内翻马蹄。此桌为典型的明式风格，造型简练而动感十足。

挂榫有时也用于案形结体，其案面、腿足均与寻常所见无异，唯牙板不在腿里而在腿外。做法是将牙板内侧开出底宽口窄的槽口，再将案腿上节做出与牙板槽口相等的外宽内窄的竖向穿销，形如穿带榫，穿销下部外侧留出支撑牙板的平肩，平肩上另装榫销，与牙板下面的榫窝相吻合。牙板自上对准穿销按下去后，坐在平肩上，这时的牙板表面与腿的外表面齐平。牙板上面亦栽小榫数个，用以连接案面。这种结构在北京故宫博物院藏品中尚有几例，其中平头、翘头均有，在榫卯结构中，当属稀有品种。

❀ 清·紫檀长桌
◎尺　　寸　57厘米×25厘米×37厘米

※鉴赏要点　高束腰嵌绳纹系璧形卡子花。拱肩展腿，内翻卷云纹马蹄。

❀ 挂榫

❀ 紫檀喷面式方桌

古典家具中的榫卯结构

　　榫卯结构是中式家具的精髓所在，是中式家具的基础，不完全用榫卯结构制作出的家具不能算是地道的中式家具。中式家具中拒绝铁钉是有相当的理由的。就拿简单的T形结构为例，如果简单地用铁钉将部件组合在一起，很难保证其结构的稳固性，很容易改变木枨之间的角度，而榫卯精确地插入式结构就可以完全保障其牢固性，并且铁钉会不断锈蚀、老化，对有"万年牢"之誉的中式家具完全不适合。同时，高端的硬木家具材质都很坚硬，如果用铁钉还易造成木材劈裂。环境气候因素也不容忽视，南热北冷，南湿北干，家具不可避免地会出现开口、张嘴等现象，影响结构的牢固性，而榫卯结构的家具则不会因气候冷热干湿的更替而影响其寿命和牢固性。

❀ 明·黄花梨束腰方桌
◎尺　　寸　100厘米×100厘米×83厘米

※鉴赏要点　此桌桌面攒框镶板心，带束腰，直牙条，拱肩直腿，四腿安霸王枨。方腿，足底削成内翻马蹄。

❀ 清·填漆戗金山庄图长方桌
◎尺　　寸　82.5厘米×82.5厘米×81.5厘米

※鉴赏要点　桌面下带束腰，四腿内安霸王枨，直腿内翻马蹄。桌面填漆戗金古刹山庄，城镇宝塔，侧沿及束腰填漆戗金回纹，牙条及腿纹为菊花纹。

　　霸王枨是一种"S"形曲枨。古人为了不让桌面下的横枨影响腿脚的活动，而设计出"霸王枨"，取代横枨的固定作用。它不是装在明面上，而是从桌腿的内角线向上弯曲，延伸并固定在桌面下的两条穿带上。霸王枨多用在低束腰和无横枨的桌子上，它既可帮助牙板固定四腿，同时也对桌面的穿带起支撑作用。霸王枨与腿的结合部位通常使用勾挂榫，其做法是先在霸王枨的一端做出榫头，榫头要做成直角梯台形。榫头的上边自顶部向根部被削成斜坡，使榫头的下底面等于榫眼的上底面。然后在腿的内角线上凿榫窝，里侧要比外口高些，成直角梯台形，再做一小木塞。将榫头插进榫窝向上托，使榫头上斜面与榫窝上斜面抵紧，下面的空余部分用小木塞塞严，这样榫头不会再脱出。霸王枨的另一头和桌面下穿带以木销钉固定，作用是把桌面的压力传递到腿上，从而起到固定结构的作用。

❀ 清早期·黄花梨螭纹方桌

◎尺　　寸　　82.5厘米×82.5厘米×81.5厘米

※鉴赏要点　此桌带束腰，四腿内安霸王枨，与面心底部穿带结合，将桌面承重均匀地传递到四足，结构科学。牙条与腿相交处安镂空螭纹托角牙，勾首卷尾，雕工极精。腿足外角做出委角线，较为罕见。

❀ 清·黄花梨无束腰仿竹材炕桌

◎尺　　寸　　94厘米×61厘米×28厘米

※鉴赏要点　此炕桌面板光素无纹，四面牙板雕成竹节式，面下安霸王枨。腿亦仿竹节式。

托泥与腿足结合

托泥是装在家具足下的一种构件，作用相当于管脚枨。托泥分两种类型，一种是框形，框形托泥又分方形、长方形、六角形、八角形、圆形及梅花形、海棠形等。一种是垫木形，是用一长条方木装在家具的足下。框形托泥多用在有束腰的家具上，有束腰家具多用抱肩榫，这种结构的牙板只起挺的作用，而管束腿足不向外张开的拉力却很弱，为了弥补这种不足，就采取在足下装托泥或安管脚枨的做法，这样从家具各部位相互配合的角度分析，腿足顶端有桌面管束，足端有托泥管束，中间的牙板只起支撑的作用，仍是一个科学合理的整体。托泥的作用还在于一件家具因陈设时间过久，接触地面的部分难免受潮腐烂或因挪动而磨损，从而影响家具的使用寿命。一旦出现这种情况，只需更换托泥即可得到解决。

框式托泥由边挺和抹头组成，四角结合处用格角榫连接。在接口的拼缝处凿出底大口小的榫窝，在家具四足的下端做出与桦窝相应的榫头，这种桦头大多与腿足一木连作，后来也有在足下凿眼另装的。在组装托泥四框时，把榫头对准榫窝，将抹头与边挺装牢，这样在挪动时，不致使托泥脱落。进入清代，做法逐渐简单，只在托泥和足底凿眼，用一木楔连接，以胶粘合。这种做法，年长日久，胶质失效，很容易脱落。

圆形托泥多采用弧形对顶接方法，接口处的多少要依据腿足的多少而定。如果家具是四足，托泥就由四段组成，五足由五段组成。接口处都安在足下，有贯穿托泥和腿足的木销。托泥的形状随着面的形状而变化，以上下呼应，常见的有圆形、海棠形、梅花彤、双环形或银锭形等。

条形托泥是装在案足上的部件，做法比较简单，只是两条横木，做出榫窝与腿相连。

❀ 明·黄花梨翘头案

◎尺　　寸　　120厘米×80厘米×41厘米

❁ 清·红木四面开光坐墩

◎尺　　寸　高53厘米，面径36厘米

※鉴赏要点　坐墩采用圆面攒框装板，墩面和底座侧面各有弦纹两道，墩壁上有四个开光，每个开光中间装劈料海棠形纹饰，每一海棠形纹饰间皆有雕刻纹饰连接。牙板光素无纹饰，立柱以插肩榫形式结合，有托泥，带龟脚。

❁ 清·棕漆圆几

◎尺　　寸　高91.4厘米

※鉴赏要点　圆形几面，通体罩棕漆，填彩绘牡丹等纹。高束腰上分段装绦环板。带托腮，壶门式牙子，三弯腿，外翻如意云头足，踩环形托泥，带龟脚。

❁ 清·大漆填彩有束腰圆几（一对）

◎尺　　寸　高85.5厘米

※鉴赏要点　圆形几面，通体罩漆，填彩饰花草纹。有束腰，束腰上分段装绦环板，带托腮，壶门牙子。三弯腿，腿中部饰云纹翘，外翻云头足。踩环形托泥。整体造型清秀亮丽，韵味十足。

❁ 清·核桃木弯腿带托泥罗汉床

◎尺　　寸　205厘米×105厘米×88厘米

※鉴赏要点　通体为核桃木制成。床面上三块围子呈七屏风式，自后背中央向两侧至前兜转，其高度依次递减。光素床面，混面边沿下有束腰。牙板中部浮雕暗八仙纹及饕餮纹，两侧为螭纹。三弯式腿，外翻卷珠足，足下有托泥。

弧形材料结合

　　弧形材料的结合常用楔钉榫。多见于圈椅的椅圈，由于椅圈的弧度较大，必须用两节或两节以上的短材拼接而成。为了使接口坚实牢固，匠师们把两个圆材的一头各做出长度相等的半圆，在半圆材的顶端做出榫舌，再把两个半圆平面的后部与横断面相交的转角处开出与半圆平面齐平的横槽。然后把两材依平面对接，使两材上下左右都不能活动。但这种结构，还是能够向两侧的方向拉开，于是匠师们又在两材合缝处开一方孔，将一方形木楔钉进去，这样，接口处既不会左右晃动，又不致向两侧拉开，达到了坚实牢固的目的。

❀ 明末清初·黄花梨圈椅

※ 鉴赏要点　此椅背板雕如意云头纹，背板与椅圈连接处饰小牙条。联帮棍为镰刀把式。座面为木板贴草席。座面下三面安券口牙，牙上雕卷草纹。

❀ 清·圈椅（局部）

❀ 明末清初·黄花梨圈椅
◎尺　寸　通高98.8厘米

※鉴赏要点　这对黄花梨圈椅造型简洁、大方。背板上有圆形浮雕，下有亮脚。扶手间两端向外翻卷，座面之下是壶门券口。底枨也为"步步高"做法

❀ 清·黄花梨圈椅（一对）
※鉴赏要点　此圈椅承袭了明代遗风，柔婉流畅的线条，显露出设计者的巧思之美。整体素雅，给人以纤秀雅巧的感觉。

活榫开合结构

活榫开合结构俗称走马销。一些大件家具如床、榻及屏风等，在搬运时不可能整个移动，必须分解成部件，这样在部件与部件连接处，宜用走马销结构。做法是在一边凿眼，镶上木楔，木楔突出部分一般高三四厘米，自木楔一边向木楔中线削成斜坡，做成头大底小的榫头在另一边上；凿出与榫头同样大的榫窝，然后在榫窝的一头开出一段底宽口窄的滑口。把榫头对准大榫窝按下合实后，再向窄口方向一推，窄口榫窝便紧紧地卡住榫头，使两个部件牢牢地连在一起。如果需要拆开，则从窄口向宽口一推，宽口榫窝一般做得较松，很容易摘下来。以上所说走马销的特点是一面斜坡，一面平直的。还有两面斜坡的，原理与一面斜坡相同。只是一面斜坡对榫窝要求严格，它的直面必须与榫窝的直边相对。如床榻两边的扶手，就不能乱安，它的榫头直面一般朝外。推合方向都是从前向后，后背两边与两扶手边接的走马销则是自上向下按，直到靠背下边与座面边沿的直插榫吻合，这样就卡住了扶手不致因往后靠而拔出了。

❀ 清·黄花梨罗汉床
◎尺　寸　高91.4厘米

※鉴赏要点　床围子由连续回纹攒接。带束腰，三弯腿内翻马蹄，足雕云头纹。此床造型简练舒展，特别是壶门券口围子，具有空灵韵味，是继承明式风格的代表作品。

❀ 清·紫檀嵌理石罗汉床
◎尺　寸　长200厘米

※鉴赏要点　七屏风式床围，床围镶大理石。面下有束腰，牙板上雕回纹。直腿内翻马蹄。并配有脚踏。

❀ 明末清初·黄花梨独板围子罗汉床
◎尺　寸　200.7厘米×94厘米×68厘米

※鉴赏要点　此床整板床围，四腿粗壮，扁马蹄。素牙条，整体光素无雕饰。此床多用整材，充分突出了黄花梨木优美的纹理。

❀ 清·红木罗汉床
◎尺　寸　长205.7厘米

※鉴赏要点　床围子由连续花纹攒接，有束腰，素牙板。三弯腿外翻马蹄，下踩圆珠。造型优美，剔透空灵。

❀ 清·硬木雕花镶嵌洞月式架子床
◎尺　寸　205厘米×179厘米×185厘米

Chapter 03

古典家具的装饰手法

Classical Furniture

中国古典家具的装饰手法丰富多彩。由于它是由仿古建筑的木构架结构组合而成，这就产生了明显的三维空间，看起来从整体到细部都经过精心地处理，而赋予一种完美的感觉。战国时代的工匠们已较能熟练地在家具表面进行髹漆、绘彩、浮雕，家具的构图比较自由，花纹缜密，但没有划分装饰部位。从唐代开始，划分出了装饰的部位。

宋代家具在装饰手法上也有不少变化，开始使用束腰、马蹄、蚂蚱腿、云兴足、莲花托等各种装饰形式；同时使用了牙板、罗锅枨、矮佬、霸王枨、托泥、茶钟脚、收分等各式结构部件。

明代家具的装饰手法，可以说是多种多样的，雕、镂、嵌、描，都为所用；装饰用材也很广泛；部件装饰、金属饰件等布局皆有定则，相当规格化，花纹也趋向程式化，有些近于写生形，决不贪多堆砌，也不曲意雕琢，而是根据整体要求，做恰如其分的局部装饰。

清代家具装饰富丽豪华，采用多种材料、多种形式，装饰在家具上，手法主要是镶嵌、雕刻及彩绘等，和明式家具朴素自然的风格形成了鲜明的对比。明清家具的装饰大体可归纳为部件装饰、线脚装饰、雕刻装饰、镶嵌装饰、漆饰、金属饰件装饰等。

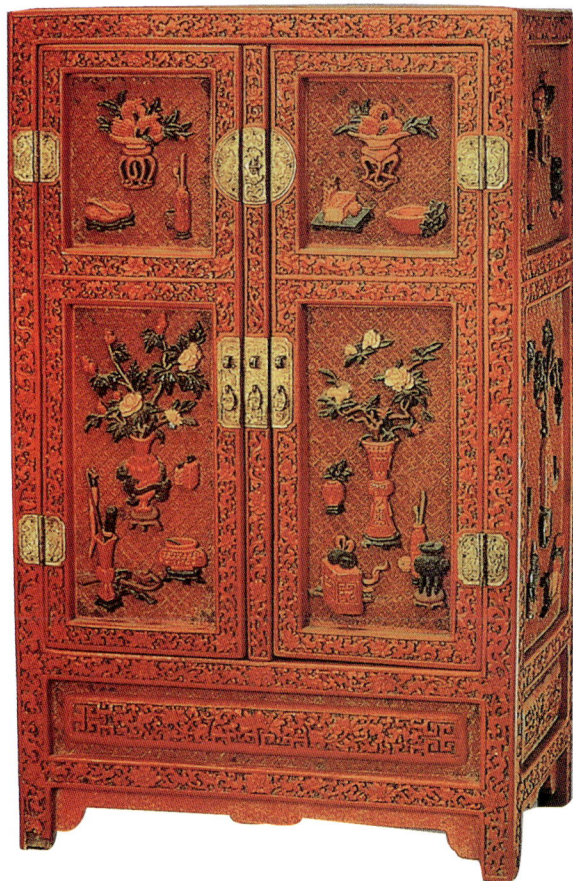

结构部件装饰

古典家具的装饰手法

古典家具的部件大多在实用的基础上再赋予必要的艺术造型，很少有毫无意义的造作之举。古代匠师对于整个家具结构部件中显眼部位进行简单的美化加工，每一个部件，在家具的整体中都用得很合理，分析起来都有一定的意义，凭借其本身条件，在最引人注目的部位进行别具匠心的装饰处理，从而达到画龙点睛的效果。运用结构部件进行装饰，避免了添加虚饰和累赘，保持了形体简洁、明快的造型形象，同时使家具实体的造型显得更充分、更完美，增强了家具的承受力，可以说是美学与力学的完美结合，更重要的是它主要以满足人们日常起居生活的需要为目的，这便是部件装饰的基本特点。

❀ 清末 · 红木嵌理石螺钿扶手椅、茶几

◎尺　　寸　高98厘米

※**鉴赏要点**　此椅为红木制，椅背圆形开光内镶大理石。圆形边框及扶手下透雕梅花纹。椅面四角攒框装板，有束腰，面下装透雕花纹牙子。直腿内翻马蹄，腿间装四面平管脚枨，枨下有牙板。几面镶大理石，面与腿足棕角榫结构。面下装透雕花牙，直腿内翻马蹄，腿中部装横枨，枨间不落堂镶板。椅的靠背、扶手、牙板及腿足和几的牙板、腿足等部位嵌缠枝螺钿莲、折枝花、梅花等纹饰。

❀ 清早期·黄花梨束腰雕花画桌
◎尺　寸　高85.5厘米

※鉴赏要点　该画桌雕饰精美，面通雕云蝠、灵芝，腿足、牙子满雕西番莲图案。桌面髹黑漆，断纹精美。穿带倒棱，底面披细麻髹黑漆。直腿内翻马蹄，腿足两侧的小牙头为换卸作。此桌保留完美，是十分难得的未曾修复的家具精品。

❀ 清·紫檀画案
◎尺　寸　180厘米×90厘米×81厘米

※鉴赏要点　此件紫檀画案是活榫结构，采用上品紫檀，腿足夹头榫，有云纹替木牙子，为龙顺成早期制作精品。

❀ 榉木扶手椅

❀ 替木牙子

　　结构部件的使用大多仿效建筑的形式。如替木牙子，犹如建筑上承托大梁的替木。替木牙子又称托角牙子或倒挂牙子。家具上多用在横材与竖材相交的拐角处，也有的在两根立柱中间横木下安一通长牙条的，犹如建筑上的"枋"。它和替木牙子都是辅助横梁承担重力的。托角牙有牙头和牙条之分，一般在椅背搭脑和立柱的结合部位，或者扶手与前角柱结合的部位，多使用牙头，而在一些形体较大的器物中，如方桌、长桌、衣架等，则多使用托角牙条。除牙头和牙条外，还有各种造型的牙子，如：云拱牙子、云头牙子、弓背牙子、棂格牙子、悬鱼牙子、流苏牙子、龙纹牙子、凤纹牙子或各种花卉牙子等，这些富有装饰性的各式各样的牙子，既美化装饰了家具，同时在结构上也起着承托重量和加固的作用。

❀ 云纹牙子

157

❀ 鱼门洞圈口

圈口是装在四框里的牙板，四面或三面牙板互相衔接，中间留出亮洞，故称圈口。常在案腿内框或亮格柜的两侧使用，有的正面也用这种装饰，结构上起着辅助立柱支撑横梁的作用。常见有长方圈口、鱼肚圈口、椭圆圈口或海棠圈口等。三面圈口多为壶门式，圈口以四面牙板居多，因其下边有一道朝上的牙板，在使用中就必然要受到限制，尤其在正面，人体身躯和手脚经常出入摩擦的地方，很少有朝上的装饰出现。因此在众多的家具实物中，凡使用这种装饰的，都在侧面或人体不易接触的地方，如翘头案腿间的圈口、书格两侧的亮洞等。

壶门券口与以上所说略有不同。通常所见以三面装板居多，四面极为少见。壶，本意指皇宫里的路，壶门，即皇宫里的门。它和其他各种圈口不同的是没有下边那道朝上的牙板。也正由于这一点，它不仅可以在侧面使用，而且在正面也可以使用。

❀ 清·黄花梨官帽椅（一对）
◎尺　寸　高101厘米

※鉴赏要点　这对椅子后腿与靠背柱一木连作，座面上部微向右弯曲。弧线形搭脑，背板"s"形。扶手、鹅脖呈曲线形，联帮棍上细下粗，呈曲线形。座面下安壶门券口。四腿间安步步高赶枨。

◎椅靠背打槽
装板制成

◎浮雕凤纹

◎管脚枨

❀ 清·黄花梨官帽椅

※鉴赏要点　此椅靠背采用打槽装板制成，上部浮雕凤纹，中部浮雕麒麟纹，下部云纹亮脚，雕螭纹。座面下饰直牙条，壶门券口，腿间安管脚枨，迎面枨下有牙条，四腿带侧脚。

❀ 清·黄花梨官帽椅

※鉴赏要点　此椅的靠背板、扶手、鹅脖、联帮棍均做成曲形，联帮棍上细下粗，为"S"形，姿态活泼。座面下安壶门券口。圆腿直足，四腿侧脚收分，脚间安管脚枨。此亦为官帽椅的杰作，其扶手处与后柱上部均为烟袋锅式榫卯结构，具有明式椅的特点。

🦎 欧洲古典家具 🦎

　　欧洲古典家具，一般是指17世纪到19世纪这一历史时期改变日常生活风格、内涵和标准的家具及仿古复制品。根据相关记载，欧洲古典家具的发展史分五个阶段。1.文艺复兴时期。家具的图案主要表现在扭索（麻花纹）、蛋形、短矛、串珠线脚及叶饰、花饰等。以宗教、历史和寓言故事为装饰题材。2.巴洛克时期。雕饰图案通常是不规则的珍珠壳、美人鱼、半人鱼、海神、海马、花环或涡卷纹等。除了精致的雕刻外，金箔贴面、描金添彩涂漆及薄木拼花装饰亦很盛行。3.罗可可时期。以柔美、回旋的曲折线条和精良、纤巧为特征，以白色为基调，装饰图案主要有狮子、羊、花叶边饰、叶蔓与矛形图案等。4.新古典主义。特征是做工考究，造型精练而朴素。5.维多利亚时期。这一时期是19世纪混乱风格的代表，不加区别地综合历史上的家具形式，设计趋于退化。

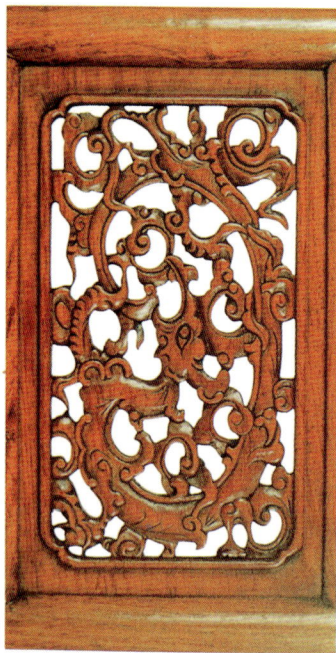

❧ 螭纹绦环板（一）

❧ 螭纹绦环板（二）

✿ 绦环板

　　绦环板，是在家具竖向板面四边的里侧浮雕一道阳线，板面无论是方，还是长方，每边阳线都与边框保持相等的距离。在抽屉脸、柜门板心、柜子的两山镶板、架子床的上楣部分和高束腰家具的束腰部分，常使用绦环板这个部件。绦环板的上下两边镶入四框的通槽里，有的在桌子的束腰部分使用绦环板。桌牙通过束腰部位的绦环板和矮柱支撑着桌面。从整体分析，采用高束腰的目的在于拉大牙板与桌面的距离，从而也拉长了桌腿与桌面、桌牙的结合距离。这时桌牙实际上代替了低束腰桌子的罗锅枨，从而进一步固定了四腿，提高了四足的牢固性。绦环板内一般施加适当的浮雕，或中间镂一条孔，也有的采用光素手法，环内无雕饰，既保持素雅的艺术效果，又有活泼新奇之感。

❧ 清乾隆·紫檀夹头榫大平头案

◎尺　　寸　高92厘米

◎成 交 价　RMB 440 000

※鉴赏要点　大平头案由上好紫檀精制，案面四片紫檀平铺，托泥为束腰台座式。云头造型的牙子与腿足由走马销相联，是夹头榫结构中较为讲究的做法。牙子牙头浮雕云蝠纹，两侧绦环板亦透雕云蝠纹，流畅生动。保存完好，为清乾隆时宫廷中紫檀家具中的精品。

❀ 清初·黄花梨独板平头案

◎尺　　寸　248厘米×93厘米

※鉴赏要点　案面平头，独板做成。面下有牙条，两头雕回纹，牙头雕螭纹，牙头与腿足以夹头榫结构结合，两腿侧见镶绦环板，透雕螭纹。腿微向外撇，香炉式足。

❀ 清·紫檀木炕几

◎尺　　寸　高40.3厘米

※鉴赏要点　几面为平面，两头下卷。面下有横枨，面与横枨间装开光绦环板。直腿，腿的两侧有横枨，装绦环板，腿中部有云翅装饰，下为外翻如意足。

❀ 档板

　　档板的作用与圈口大体相同，起着加固四框的作用。其做法是用一整块木板镂雕出各种花纹，也有用小块木料做榫攒成棂格，镶在四框中间，发挥着装饰与结构相统一的作用。

❀ 明·铁梨木大翘头案档板

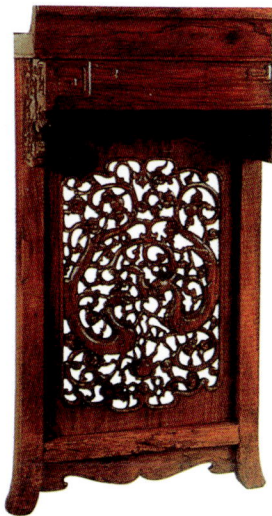

❀ 明·黄花梨翘头案档板

❀ 档板

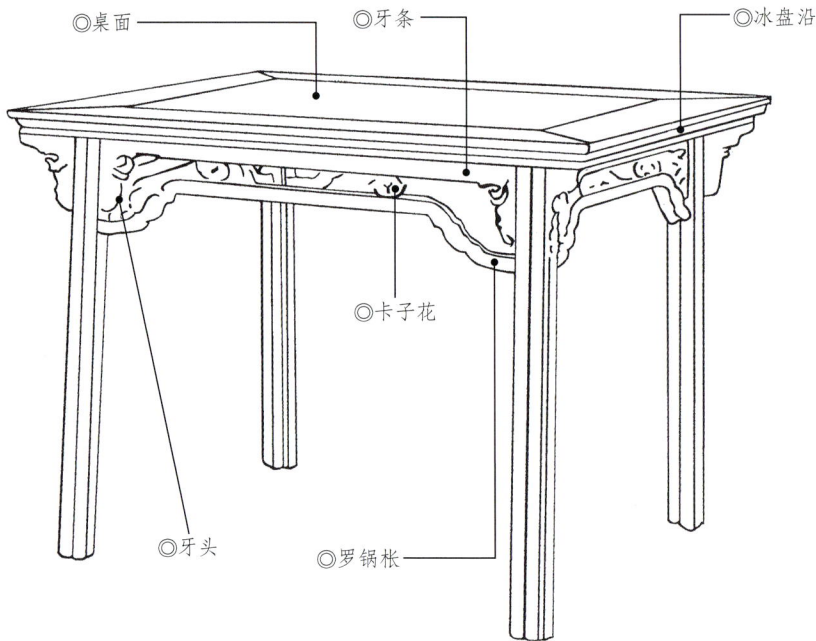

❖ 一腿三牙，罗锅枨直顶牙板

罗锅枨与矮佬

　　罗锅枨与矮佬通常相互配合使用，其作用也是固定四腿和支撑桌面。这种部件，都用在低束腰或无束腰的桌子和椅凳上。所谓罗锅枨，即横枨的中间部位比两头略高，呈拱形，或曰"桥梁形"，现在南方匠师还有称其为"桥梁档"的。在北方，人们喜欢把两头低、中间高的桥用人的驼背来形容，称"罗锅桥"，因而把这种与罗锅桥相似的家具部件统称为罗锅枨。在罗锅枨的中间，大多用较矮的立柱与上端的桌面连接。

　　矮柱俗称矮佬，一般成组使用，多以两只为一组，长边两组，短边一组。罗锅枨的造型，在结构力学上的意义并不大，之所以这样做，目的是加大枨下空间，增加使用功能，同时又打破那种平直呆板的格式，使家具增添艺术上的活力。

罗锅枨桌分解示意图

◎桌面　　◎牙条　　◎冰盘沿

◎卡子花

◎牙头　　◎罗锅枨

❀ 清·黄花梨束腰罗锅枨长方凳
◎尺　　寸　42.5厘米×48.5厘米×50厘米

※鉴赏要点　此长方凳四边攒框，中镶席面，牙板与腿抱肩榫结构，牙板光素。两腿间安罗锅枨。有束腰。直腿内翻马蹄。

❀ 明·一腿三牙黄花梨影子心方桌
◎尺　　寸　92厘米×92厘米×80厘米

※鉴赏要点　此桌为黄花梨木制，桌面用黄花梨木四框攒边中间嵌"葡萄影"面板，一腿三牙，素牙头、牙条，罗锅枨　直顶牙板，枨的两端将桌腿向外撑，这样使桌子更加稳固，桌子侧脚收分明显，四腿八叉，是典型的明式家具风格。

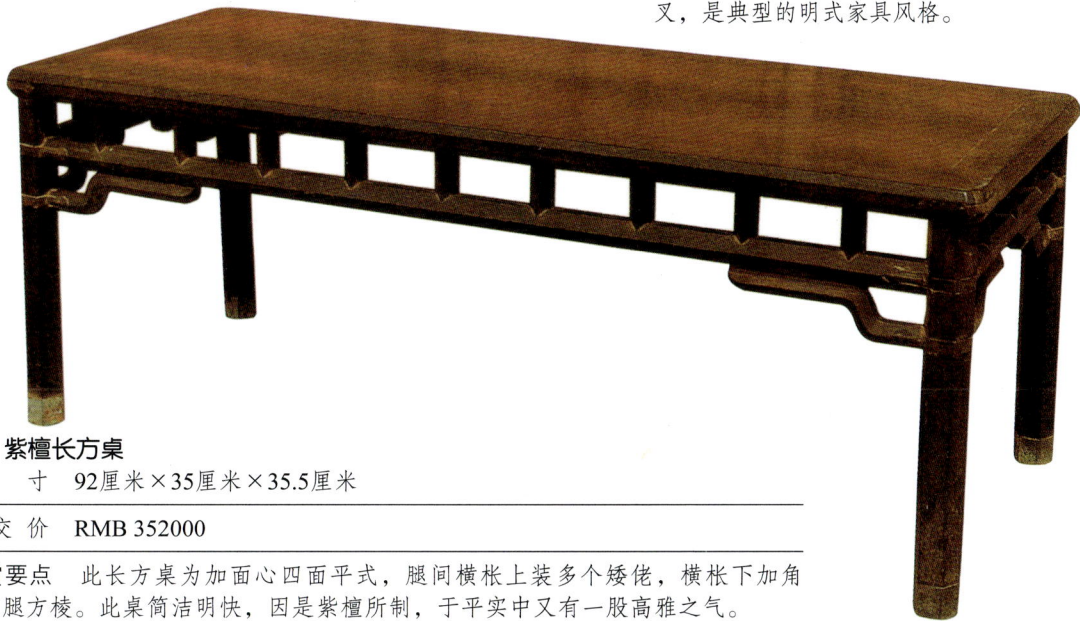

❀ 明·紫檀长方桌
◎尺　　寸　92厘米×35厘米×35.5厘米

◎成 交 价　RMB 352000

※鉴赏要点　此长方桌为加面心四面平式，腿间横枨上装多个矮佬，横枨下加角牙。直腿方棱。此桌简洁明快，因是紫檀所制，于平实中又有一股高雅之气。

❧ 明·紫檀全素独板罗汉床

※鉴赏要点 这张紫檀大床床围子为三块整板，攒框镶席面，无束腰。裹腿劈料作。四腿间安裹腿罗锅枨，枨上有若干矮佬。直腿圆足。此床装饰简洁独特，空灵自然，充分显示了匠师的高超技艺。

❧ 清·乌木长方桌

◎尺　　寸　129.5厘米×75.2厘米×86.5厘米

◎成 交 价　RMB 198 000

※鉴赏要点 桌为加面心四面平式，下有弧度极小的罗锅枨，加矮佬。裹腿劈料作。直腿方足。整器朴实无华，俊秀挺美，具有鲜明的明式风格。

❧ 潘家园的古典家具 ❧

　　潘家园的古家具市场与潘家园古玩城相比，潘家园古家具市场的出现略晚一些。这个市场只是一个统称，以潘家园旧货市场为中心，周围一千米内的古旧家具店都是潘家园古旧家具市场的一部分。市场最集中的地段是兆佳朝外市场和北京古玩城两处。北京古玩城的古典家具在一层，既有明清年间价值不菲且具有一定收藏价值的古典家具，也有崭新的仿制品。虽然是新品，但也价格昂贵，比如一对影子木仿明代官帽椅要价1.8万元，一件做工精细的紫檀如意价格高达6.8万元。从总体来说，大多数用柴木做的仿制品价格都比较便宜，一两千元足矣，如一个仿旧电视柜标价2300元，价格还可以再商量。兆佳朝外古旧家具市场有四层营业面积，约70个摊位。这家市场历史比较长，古旧家具品种比较全，以国外客人和回头客为主，价格与古玩城相差无几。

❀ 明·榉木霸王枨方桌

※鉴赏要点　有束腰，直牙条，四腿内安霸王枨。方直腿，内翻马蹄。此桌造型简洁，不施雕饰，通体方材，愈见瘦劲。

霸王枨

　　霸王枨，是装饰在低束腰的长桌、方桌或方几上的一种特殊的结构部件。形式与托角牙条相似，不同的是它不是连接在牙板上，而是从腿的内角向上延伸，与桌面下的两条穿带相连，直接支撑着桌面，同时也加固了四足，这样就可以在桌牙下不再附加别的构件。为了避免出现死角，在桌牙与腿的转角处，多做出软圆角。霸王枨以其简练、朴实无华的造型，显示出典雅、文静的自然美。

❀ 明·黄花梨条桌

◎尺　　寸　　高83厘米

◎成交价　　RMB 50 000

※鉴赏要点　此条桌为黄花梨木质地。整体光素，不施雕缀。面下束腰平直。腿子直下至足，内翻马蹄。腿与牙板皆有阳线且相交。腿间无枨，这样便于人们坐在桌前时，将腿伸到桌下，但又要兼顾它的牢固性，所以在腿上部与面板下的穿带，用霸王枨相连，它起到支撑和拉紧腿子的作用。这种做法是典型的明式家具做工，在明代的方桌上，也普遍应用。这种条桌常置于落地花罩前或窗前使用。

搭脑，是装在椅背之上，用于连接立柱和背板的结构部件，位置正中稍高，并略向后卷，以便人们休息时将头搭靠在上面，故名之搭脑。四出头式官帽椅的搭脑两端微向下垂，至尽头又向上挑起，有如古代官员的帽翅。南官帽椅的搭脑向后卷的幅度略小，还有的没有后卷，只是正中稍高，两端略低，尽端也没有挑头，而是做出软圆角与立柱相连。

❀ **清中期·黄花梨花鸟纹太师椅（一对）**
◎尺　　寸　62厘米×47厘米×108厘米

※**鉴赏要点**　此椅的特点在于椅盘以下敦实、简洁，素混面攒框落堂硬屉座面，素方腿、素牙板、素横枨，除了椅盘下装一小束腰外，没有任何装饰。椅盘以上部分则做工细腻、繁复，透雕花鸟纹。靠背和扶手的边框曲线优美自然，以走马销相连，拆装方便，便于搬运。

四出头官帽椅分解示意图

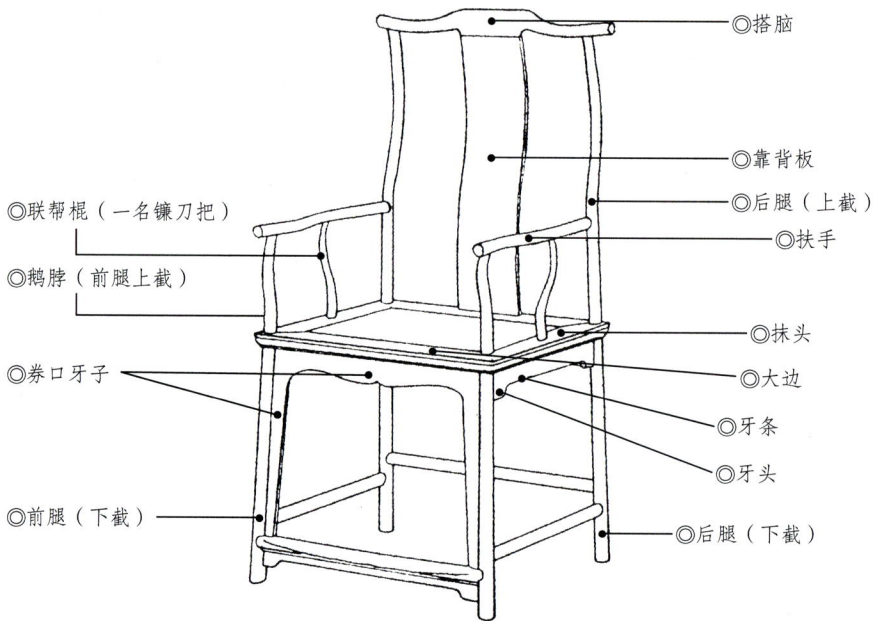

◎搭脑
◎靠背板
◎后腿（上截）
◎扶手
◎抹头
◎大边
◎牙条
◎牙头
◎后腿（下截）

◎联帮棍（一名镰刀把）
◎鹅脖（前腿上截）
◎券口牙子
◎前腿（下截）

明·黄花梨圆后背交椅
◎尺　　寸　高94.8厘米

※鉴赏要点　这把交椅的椅圈五接，靠背板浮雕朵云双螭纹开光，图案极似四出头官帽椅。椅圈等交接处用缠枝莲纹金属饰件包裹，部分已锈蚀。绳面，腿下有托泥，并有脚踏。工艺精美，极具代表性。

民国·红木高靠背椅（一对）　（清式）
◎尺　　寸　52厘米×43厘米×105厘米

※鉴赏要点　这组类似"一统碑式"的靠背椅，雕刻精细，背板玲珑清秀，束腰下的花板雕刻更为细致，椅腿制成舒展的三弯腿，足部狮爪，应是清式风格受西方风格影响的作品。

"买寡不买众"

"买寡不买众"也是古玩界的一句俗语，意思是，收藏家具要知道哪一类东西多，哪一类稀少，说到底就是多买稀奇的少买普通大众的。抛开人们热购的明清家具不说，就在平常所购进的家具品种中，收藏者都知道书房用家具品位高，价值高，而卧室用家具则相对差些，价位低。一只写字台、陈列柜一般要一两万元人民币，而一只有雕工的梳妆台却只要几千元人民币。为什么会这样？梳妆台存世量很大，在古旧市场上随处可见，绝大部分皆是三面镜子，下有裙边柜门的一类形制，所以价位低。而写字台和陈列柜不仅品位高，且存世量较少。物以稀为贵，这是一个价值规律，买稀少的，虽然价位一时较高，但升值快且很好出手。

❀ 清·红木躺椅（一对）

◎尺　　寸　51厘米×90厘米×92厘米

※鉴赏要点　此躺椅为红木制，椅背、搭脑、背板及扶手皆为曲线形。文人气息浓郁。整体造型简练，古朴，颇具明式家具风格。

❀ 清乾隆·黄花梨雕花椅（一对）

◎尺　　寸　50.5厘米×61.5厘米×96厘米

※鉴赏要点　靠背板，腿及牙子皆浮雕卷草纹，软藤座面。形制为典型的清式做工，典雅端庄，富贵华丽，为清式黄花梨家具中的精品。

❀ 清·鸡翅木扶手椅、茶几

◎尺　寸　　61厘米×46厘米×103厘米

※鉴赏要点　此椅及茶几造型简洁明快，工料俱精，打磨得细致入微，在清式扶手椅中，较为上乘，仍可见明式家具的风格。

❀ 扶手

　　扶手，是装在椅子两侧供人架肘的构件。凡带这种构件的椅子均称为扶手椅。扶手的后端与后角柱相连。前端与前角柱相连，中间装联帮棍。如果椅子的前腿不穿过座面的话，则需另装"鹅脖儿"。扶手的形式多样，有曲式，有直式，有平式，也有后高前低的坡式。

❀ 清·紫檀博古式靠背椅（一对）

◎尺　寸　　45厘米×55厘米×89厘米

※鉴赏要点　这对椅子的靠背板分三段攒成，上段与中段均为落堂踩鼓式，上段"凸"字形开光内和中段长方形开光内雕博古纹，下端十字镂空。靠背立柱与扶手为攒拐子纹。座面四角攒边框装板心。面下有透雕回纹式牙条。直腿方足，内翻马蹄。四腿平式管脚枨。

❀ 清中期·榆木开光浮雕龙纹罗汉床
◎尺　　寸　220厘米×122厘米×85厘米

※鉴赏要点　此罗汉床为榆木制，三屏式床围子，上开光浮雕龙纹，席心床面，有束腰，直腿内翻马蹄。整体显得简洁、明快。

❀ 清·紫檀扇形官帽椅
◎尺　　寸　70厘米×50厘米×100厘米

※鉴赏要点　南官帽椅是扶手椅中最典型的作品，简洁空灵。这件紫檀作品线条饱满，形制开张，是扶手椅中不可多得的精品。椅子座面前大后小成扇形，因而又称扇面官帽椅。椅子下大上小，四根柱脚逐渐向上收拢，形成梯形立方，以增强椅子的稳固感，券口牙条的曲线与柱脚直线形成内柔外刚的动静对比，鹅脖抑扬与联帮俯曲，以及背板的镂空形成的优美化，使得这种乍看似乎过分简单的明式家具有一股生灵般的机巧。

❀ 民国·红木雕福在眼前扶手椅（一对）　（清式）
◎尺　　寸　高97厘米

※鉴赏要点　此红木扶手椅子为民国时期仿清式家具而成，靠背板透雕蝙蝠衔古钱，蝠取其谐音"福"，钱取其谐音"前"，钱有孔眼，故寓意"福在眼前"。

Gemstone
古典家具收藏知识百科

❀ **清·红木雕龙宝座**

※鉴赏要点　三屏风式座围，搭脑凸起。满雕二龙戏珠纹，并饰以云纹。座面落堂装板，面下有束腰，冰盘沿上饰蕉叶纹。面下安雕葡萄纹牙板，三弯腿，兽头形足。

❀ **清·红木雕龙扶手椅（一对）**

◎尺　　寸　高61厘米

◎成　交　价　RMB 800000

※**鉴赏要点**　靠背板、扶手雕龙纹，背板开光透雕降龙纹。座面下有束腰，安透雕葡萄纹牙板。后腿为直腿圈足；前腿肩部雕龙首，三弯腿，兽头形足。雕饰繁缛，极尽富丽堂皇之感。

清·紫檀嵌鎏金珐琅福寿纹摆屏

◎尺　　寸　49厘米×61厘米

◎成 交 价　HKD 956 000

※鉴赏要点　此屏风为紫檀木制，共五扇。此扇屏心正面嵌鎏金珐琅福寿纹。背面有题诗一首："乾隆御制。东走湖广西游川，铁牛镇守秦与关。广东有座莫骨寺，山西有座五台山。江南本是花景地，天心地胆在河南。我问君子何方好，请来贵人汇新君。陈学书。"上装鎏金寿纹屏风帽。两侧站牙为如意形。下承八字形须弥座，座上浮雕莲瓣纹及嵌珐琅，下有龟脚。

屏风帽子

　　屏风帽子，是装在屏风顶端的一种构件，其结构对屏风的牢固性有重要作用，装饰性亦很强。屏帽位置正中，一般稍高，两侧稍低，至两端又稍翘起，形如信人所戴的帽子，故又称"毗卢帽"。大型座屏风陈设时位置相对固定，挪动的机会一般不多，屏风插在底座上之后，开始装屏帽，屏帽是由两边向中间组装，由数块组成，每块之间和其与屏框之间均有榫衔接。屏坐多由3节组成，它们的结合部位宜以走马销连接，尽管屏框间有走马销连接，仍显势单力薄。而屏帽能把每扇屏风进一步合拢在一起，达到了上下协调和坚实牢固的目的。屏帽由于表面宽阔，也是得以施展和发挥装饰艺术的部位，人们多在屏帽上浮雕云龙、花卉和各样卷草图案。由于屏帽的衬托，使整个屏风显得更具气势。

清中期·紫檀小屏风

◎尺　　寸　高45厘米

◎成 交 价　RMB 660 000

※鉴赏要点　屏风边框以紫檀木制成，共12扇，屏心内饰四季山水风景。最末一幅有款识。图上下两端绦环板内雕饰花卉及寿字。上有浮雕龙纹屏风帽，下承须弥式八字形底座，饰蕉叶纹。此屏风装饰艳丽，雍容华贵且寓意吉祥，具有典型的清式家具装饰特点。

线脚装饰是对家具的某一部位或某一部件所赋予的纯装饰手法，对家具的结构不起什么作用，但线脚的使用，可以在很大程度上增添家具优美、柔和的艺术魅力，主要施于家具的边抹（边框构件）、枨子（横档）、腿足等部位，通过平面、圆面、凹面、凸面、阴线、阳线之间不同比例的搭配组合，形成千变万化的几何形断面，达到虽简洁却精细的悦目的装饰效果。明代家具着重在造型上充分运用多种多样的线脚来整体表现形体的完美。具体表现在置物的平面和可承重的腿足上；如桌面的边抹都作"冰盘沿"或上下对称的线脚；腿足无论方圆，方非一式，圆不一相，因物而异，各呈其姿。

🌸 灯草线

线脚装饰中有一种重要手法叫做"灯草线"，即一种圆形细线，以其形似灯心草而得名。一般用在小形桌案的腿面正中，由于上下贯通全腿，又称通线。常常两道或三道并排使用。大一些的案腿，随腿的用料比例，这种线条又随之加大，再用灯草线形容显然不妥。人们把这种粗线条多称之为皮条线。

桌形结体的家具分为有束腰和无束腰两类。无束腰家具多用圆材，也有相当数量是方腿加线的，以光素为主，不再施加额外装饰。有束腰家具多用方材，在装饰方面比较容易发挥，因而做法也很多，如素混面，即表面略呈弧形；混面单边线，即在腿面一边雕出一道阳线；混面双边线，即在腿面两侧各起一道阳线，多装饰在案形结体的腿上或横梁、横带上。这些线条因在边上，也有称为压边线的，压边线不光在四腿边缘使用，在桌案的牙板边缘也常使用。

❀ 清中期·紫檀宝座
◎尺　　寸　高91厘米

❀ 明·黄花梨炕桌
◎尺　　寸　高31厘米

※鉴赏要点　桌面外侧冰盘沿，束腰打洼。牙板满雕纹饰。三弯腿，腿的上部圆雕狮头，足部雕狮爪形，造型奇特，雕工细腻。

❀ 清中期·紫檀如意纹方凳
◎尺　　寸　高50.5厘米

※鉴赏要点　凳面四角攒框装板，面下打洼束腰，上下托腮。牙条与管脚枨连接凳腿，形成券门，圈内镶绦环板，雕回纹锦及如意云头纹。四脚外角做劈料状，足下承托泥，带龟脚。

❀ 明·黄花梨炕桌
◎尺　　寸　96厘米×64厘米×29.5厘米

※鉴赏要点　桌面冰盘沿，中间打洼，带束腰。壶门牙子，两端镂成花牙，牙条边线与腿部边缘阳线交圈。三弯腿，雕卷云纹马蹄。

❀ 打洼

　　方材家具还有一种装饰形式，名曰"打洼"。做法是在桌腿、横枨或桌面侧沿等处的表面向里挖成弧形凹槽，一道的叫单打洼，二道的叫双打洼。打洼家具的边棱，一般都做成凹线，俗称"倒棱"，与打洼形成粗细对比。

明式家具形成的社会条件

　　（一）园林建筑和宅第建设的兴起。中国的园林建设，始自两宋，到了明代，极为兴盛。北宋后期李诫编的《营造法式》是中国古代建筑传统经验的珍贵文献，其时，还产生了工艺百科全书《天工开物》、《髹漆录》等著作。园林建筑和宅第建设的大量兴起，家具作为室内陈设的重要组成部分，自然也就相应地发展起来了。（二）海外贸易的发展为明式家具的形成提供了丰富的木材。郑和七下西洋后，促进了中国和东南亚各国的交往，而该地区是出产优质木材的地方。高级木材如花梨、红木及紫檀等不断地进口到中国，为明代细木家具的发展提供了良好的物质条件。（三）木工具的快速发展，如没有良好的工具，就不能制作精巧的家具。硬木质地坚韧，更需优良的木工工具。明代锤锻技术已较前大有提高，《天工开物》中记载："凡健刀斧皆嵌钢包钢整齐，而后人水淬之，其快利则又在砺石成功也。"木工具的种类增多，适于各种加工需要，如刨即有推刨、细线刨、娱蛤刨等，又如锯也有不同类型，"长者剖木、短者截木、齿最细者截竹"等。此外，明代有一大批文化名人也热衷于家具工艺的研究和家具的审美探求。并著书及参与家具的设计，这对明代家具的独特风格的形成定能起到一定的作用。

裹腿与裹腿劈料做法

裹腿与裹腿劈料做法通常用在无束腰的椅凳、桌案等器物上，是仿效竹藤家具的艺术效果而采取的一种独特的装饰手法。劈料做法是把材料表面做出两个或四个以上的圆柱体，好像是用几根圆木拼在一起，称为劈料。二道称二劈料，三道称三劈料，四道称四劈料。通常以四劈料做法较多，因其形似芝麻的秸秆，又称"芝麻梗"。横向结构件如横枨，面沿部分也将表面雕出劈料形，在与腿的结合部位，采用腿外对头衔接的做法，把腿柱包裹在里面。为了拉大桌面与横枨的距离以加固四腿，大多在横枨之上装三块到四块镂空绦环板，中间安矮佬。如果是方桌，一般四面相同，长桌与方桌有所不同。因侧面较窄，只用一两块镶板就行了。

◈ 明·紫檀长桌
◎尺　　寸　146厘米×57厘米×86厘米

※鉴赏要点　桌面沿为混面，牙条与枨都为裹腿双劈料。长枨与桌面等长，短枨与桌面等宽。长短枨裹腿相交。枨上有矮佬，与腿外侧齐在一线，形成矩形孔格，镶以绦环板，板上开光。圆柱形腿，微带侧脚。此桌没有过分的雕饰，完全以线脚装饰，充分体现了明式家具明快、壮美之风。

◈ 明·黄花梨长桌
◎尺　　寸　111厘米×54.5厘米×71厘米

※鉴赏要点　桌面边沿与牙条为一体，为劈料裹腿作。四腿间安裹腿罗锅枨，枨上部与牙条相抵，又与劈料牙条成为一体。圆腿直足。

◈ 清·高丽木方凳
◎尺　　寸　长40厘米

※鉴赏要点　方凳四周攒边框，镶藤心。面下安罗锅枨，四面各有两个矮佬相连。四腿圆柱形。此凳通体光素，造型简洁明快。

❀ **清中期·红木条桌**
◎尺　　寸　高85厘米

※鉴赏要点　此桌桌面采用攒框镶板作，起拦水线。有束腰。牙板与腿足抱肩榫结构，牙板中部有如意云纹，直腿内翻马蹄。

🌸 面沿

　　面沿，是指桌面侧沿的做工形式。从众多的桌、凳、几等各类家具的面沿看，很少有垂直而下的，也和其他部位一样，赋予各式各样的装饰线条。面沿的装饰效果，也直接影响着一件家具的整体效果。面沿的装饰形式有"冰盘沿"，在侧沿中间向下微向内收，使中间形成一道不太明显的棱线。"泥鳅背"：一种如手指粗细的圆背，形如泥鳅的脊背，有时小型翘头案的翘头也用这种装饰。"劈料沿"：是把侧沿做出两层或三层圆面，好似三条圆棍拼在一起。"打洼沿"：是把侧沿削出凹面；还有"双洼沿"、"叠线沿"等。

❀ **红木雕花嵌理石茶几**

❀ **清中期·鸡翅木小方凳（一对）**
◎尺　　寸　40厘米×40厘米×39厘米

※鉴赏要点　圆足，四腿八栓，造型优雅，牙板牙条雕转珠，保存完好。

❀ 清·黄花梨螭纹长桌

拦水线

拦水线，是在桌面边缘上做出高于面心的一道边。在宴桌、供桌上使用较多，因为在饮宴时，难免有水、酒及菜汤等洒在桌面上，如果没有拦水线的话，容易流下桌沿，脏了衣服。拦水线不像冰盘沿那样出于纯装饰目的，实用性相当强。

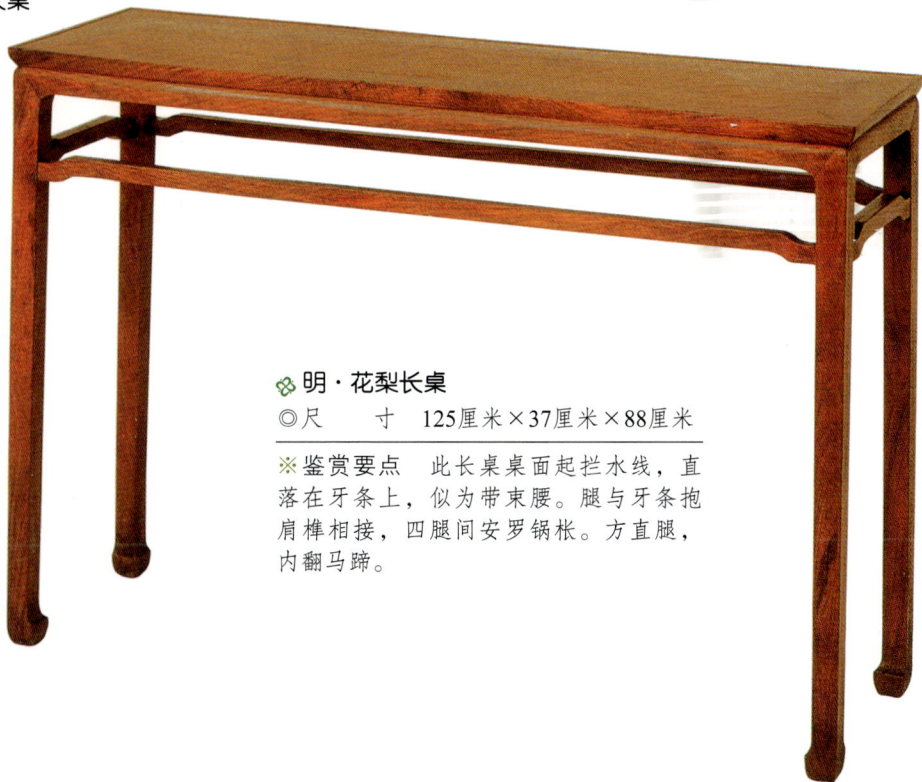

❀ 明·花梨长桌

◎尺　　寸　　125厘米×37厘米×88厘米

※鉴赏要点　此长桌桌面起拦水线，直落在牙条上，似为带束腰。腿与牙条抱肩榫相接，四腿间安罗锅枨。方直腿，内翻马蹄。

束腰

束腰，是在家具面下作出一道缩进面沿和牙板的线条，它是由古代建筑里的须弥座演变而来。束腰有高束腰和低束腰之别。高束腰大多露出桌腿上截，并在中间用矮佬分为数格，每格镶一块绦环板，绦环板又有镂空和不镂空之别。另外，高束腰家具常在束腰上下各装一木条，名曰"托腮"，它是起承托绦环板和矮佬作用的。低束腰家具一般不露腿，而用束腰板条把桌腿包严。束腰线条常见有直束腰、打洼束腰等，有的还在束腰上装饰各式花纹。

❧ 黄花梨高束腰炕桌（局部）

确定古家具价值的标准

在选藏一件古旧家具的时候，要注意以下几个因素。首先，看看它是不是很珍稀。如果这种款式在这个家具品种上从来没有出现过，或者很少出现，那么就说明它很珍稀，它的价值就会有较大的提升。其次，在收藏古旧家具的时候，完整性非常重要。原装的家具或者说修配过的家具，对价位影响很大。最后，高档的材质也是影响古旧家具价格的重要因素。同样的款式、同样的年代，是紫檀做的，或者是黄花梨做的，就比一般普通木材做的要珍贵得多。第四，造型和结构是决定古旧家具价值的最主要因素。造型美应该是排在第一位，后面的磨工、雕工不好，可以重新返工，但是造型不好，就没办法改变。

❧ 清·紫檀蕉叶纹条桌

◎尺　　寸　143厘米×37厘米×85厘米

※鉴赏要点　桌面平直，冰盘沿，面下打洼高束腰，雕蕉叶纹。四腿直下，腿间安有罗锅枨，与腿以格肩榫相交。卷珠形足。

马蹄形装饰

　　马蹄大都装饰在带束腰的家具上，这已成为传统家具的一个装饰规律。马蹄做法大体分为两种，即内翻马蹄和外翻马蹄。内翻马蹄有曲腿也有直腿，而外翻马蹄则都用弯腿，无论曲腿、直腿，一般都用一块整料做成。足饰除马蹄外，还有象鼻足、内外舒卷足、圆球式足、鹤腿蹼足和云头足等。马蹄足有带托泥和不带托泥两种做法，其他各种曲足大多带托泥。托泥本身也是家具的一种足饰，其作用主要是管束四腿，加强稳定性。托泥之下还有龟脚，是一种极小的构件，因其尽端微向外撇，形似海龟脚而得名。

❀ 内翻云纹马蹄

❀ 直腿内翻马蹄

❀ 卷草足

❀ 直腿内翻马蹄

高碑店的仿古家具

　　在北京，除了著名的潘家园古旧家具市场外，位于京通高速路东面的高碑店古旧家具一条街，近年也渐渐引起了消费者的注意。在经过二十年的发展之后，随着古典家具的日渐稀少，收藏者们已经很少来了，但是这里却迎来了大众消费的春天。对于街上大部分商户而言，现在走得最好的货，大多是售价在千元人民币左右的中档货品，或者两三百元人民币的小玩意。这些家具的历史在150～200年，多以柴木（杉木、樟木、柚木及其他杂木）等寻常材料制成。这里纯正的硬木家具没有多少，大量的是各种柴木家具，民间用品占大多数，如农民用的风车、称粮食的斗、升等。普通人家的"老东西"和仿古作旧的"新东西"，占据了市场的大部分。它们以适中的价格、盎然的古意，还有相当部分的实用性，吸引着许多准备装饰新居的白领、喜爱古典风情的都市新锐，以及追求个性店面的商户。

腿的装饰

腿的装饰有直腿、三弯腿、弧腿膨牙、蚂蚱腿、仙鹤腿等。三弯腿，是腿部自束腰下向外膨出后又向内收，将到尽头时，又顺势向外翻卷，形成"乙"字形。弧腿膨牙，又可被称作鼓腿膨牙，是腿部自束腰下膨出后又向内收而不再向外翻卷，腿弯成弧形。蚂蚱腿，多用在外翻马蹄上，在腿的两侧做出锯齿形曲边，形似蚂蚱腿上的倒刺而名。仙鹤腿，腿笔直，足端较大，形如鸭了足趾间的肉蹼。展腿，又称接腿桌。形式是四腿在拱肩以下约半尺的位置做出内翻或外翻马蹄，马蹄以下至地旋成圆材，好似下面的圆腿是另接上去的。

从传统家具造型规律看，有束腰的家具四腿都用方材，而方材既已做出马蹄，那么这件家具的形态即已完备，再用方材伸展腿足，显然不妥，不如索性用圆材，造成上方下圆、上繁下简的强烈对比。匠师们有意将有束腰家具和无束腰家具加以融会贯通，在造型艺术上是一个成功的尝试。

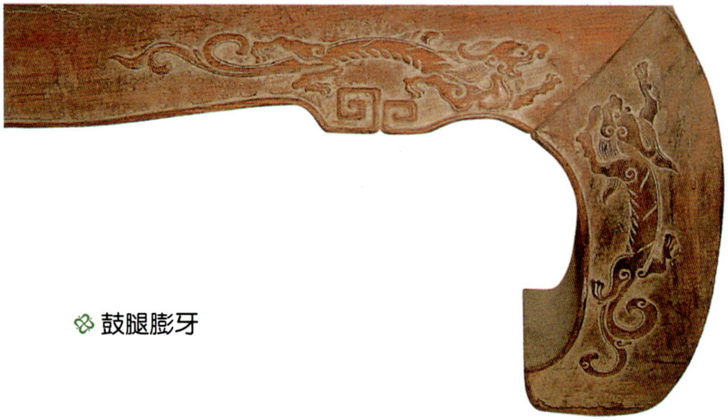

❀ 鼓腿膨牙

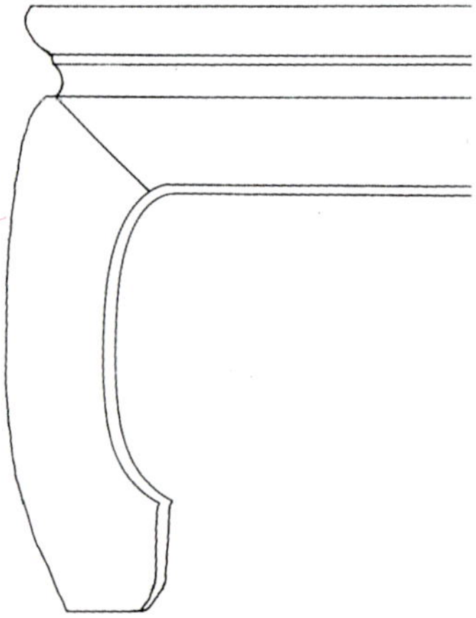

❀ 鼓腿膨牙示意图

❀ 三弯腿

❀ 明·榉木翘头案

雕刻装饰

古典家具的装饰手法

雕刻装饰的手法可分为毛雕、平雕、浮雕、圆雕、透雕、综合雕六种。

毛雕，也叫凹雕，是在平板上或图案表面用粗细、深浅不同的曲线或直线来表现各种图案的一种雕刻手法。

平雕，即所雕花纹都与雕刻品表面保持一定的高度和深度。平雕有阴刻、阳刻两种，挖去图案部分，使所表现的图案低于衬地表面，这种做法称为阴刻；挖去衬地部分，使图案部分高出衬地表面，这种做法称为阳刻。如柜门板心的绦环线，插屏座上的裙板及披水牙等多使用平雕手法，且多用阳纹。阴刻手法在家具上使用得不多。

浮雕，也称凸雕，分低浮雕、中浮雕和高浮雕几种。无论是哪一种浮雕，它们的图案纹路都有明显的高低、深浅变化，这也是它与平雕的不同之处。

圆雕，是立体的实体雕刻，也称全雕。如有的桌腿雕成竹节形，四面一体，即为圆雕。一般情况下，在家具上使用圆雕手法的较为少见。

透雕，在明式家具中，透雕是一种较为常见的装饰手法。如衣架中间的中牌子、架子床上的楣板、椅背雕花板等。透雕是留出图案纹路，将地子部分镂空挖透，图案本身另外施加毛雕手法，使图案呈现出半立体感。透雕有一面做和两面做之别。一面做是在图案的一面施毛雕，将图案形象化，这种做法的器物适合靠墙陈设，并且位置相对固定。两面做是将图案的两面施加毛雕，如衣架当中的中牌子，常见多在绦环板内透雕夔龙、螭虎龙等图案。

综合雕，是将几种雕刻手法集于一物的综合手法，多见于屏风等大件器物。

❀ 清中期·紫檀雕夔龙委角长方盒

◎尺　寸　长18厘米

❀ **清早期·黄花梨透雕龙纹隔屏**

◎尺　　寸　宽342厘米

◎成　交　价　RMB 319000

※鉴赏要点　隔屏边框黄花梨木制，共六扇，可分可合。屏心书唐宋人名句。顶端有楣板，透雕龙纹。腰板、裙板、绦环板等皆透雕龙纹。白铜裹足。

❀ **明·紫檀雕三友圆纹盒**

◎尺　　寸　高22.3厘米

❀ **清·紫檀镂空雕花佛龛**

◎尺　　寸　高46厘米

◎成　交　价　RMB 33000

※鉴赏要点　此佛龛上部部件浮雕拐子龙纹，绦环板等亦浮雕纹饰。对开两门，纹饰以透雕法为之。底座有束腰，鼓腿膨牙。造型严谨，气韵庄重。

❀ **明·黄花梨雕富贵花三节柜**

◎尺　　寸　81厘米×52厘米×187厘米

※鉴赏要点　此柜上面两节相同，底座带有两抽屉，正面门各雕一牡丹花，侧边框起眼珠线，铜活采用"嵌手"做法，较为讲究。

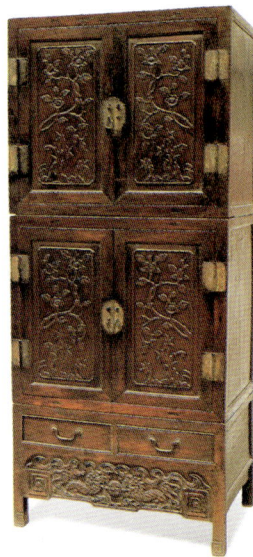

※鉴赏要点　该盒紫檀木材料厚重，盒四周及顶部均刻山石纹及松竹梅三友纹。图案细密，雕工精细。纹饰极似明嘉靖、万历时青花瓷器上的纹饰。

❀ **清·紫檀雕人物挂屏（一对）**

◎尺　　寸　长66厘米

※鉴赏要点　挂屏的心板为紫檀雕刻而成，画面层次分明，纹饰清晰逼真。况如此宽的独板紫檀料的确很少见，不失为收藏、装饰的佳品。

❀ **清中期·紫檀雕福寿架几**

◎尺　　寸　高19厘米

※鉴赏要点　小架几为四块紫檀木整板雕刻组合而成，几面与腿板以闷榫结构格角相接，接角处打成软圆角。两侧面腿板中间一侧透雕寿桃纹，另一侧开光透雕福字纹，新颖别致，雕琢考究，视为上品。

漆饰

古典家具的装饰手法

传统家具除以优质木材为原料外，以漆髹饰家具也是一个不可忽视的品种。漆家具一般分素漆及彩漆两大类。以各色素漆油饰家具主要是为了保护木质，而在素漆之上施加彩绘的各种手法则属于纯装饰目的，归纳起来主要有如下几个品种：

洒金，亦名撒金。即将金箔碾成碎末，洒在漆地上，外面再罩一道透明漆的做法。在山水风景中常用以装饰云霞、远山等。

描金，又名泥金画漆，是在漆地上以泥金描画花纹。其做法是在漆器表面用半透明漆调彩漆，薄描花纹在漆器表面上。然后放入温湿室，待到似干非干时，用丝棉球蘸细金粉或银粉，涂在花纹上，成为金色或银色的花纹装饰。如果过早地刷上金银粉，不但粘着金银粉过多，造成浪费，而且也显不出明亮的金银色彩。

描漆，即设色画漆，其做法是在光素的漆地上用各种色漆描画花纹。

描油，即用油调色在漆器上描画各种花纹。因为用油可以调出多种颜色，而有的颜色是用漆无论如何炼制也调配不出来的，如天蓝、雪白及桃红等色。用其描绘飞禽、走兽、昆虫、百花、云霞及人物等，无不俱尽其妙。

填漆，是在漆器表面上阴刻花纹，然后依纹饰色彩用漆填平。或用稠漆在漆面上做出高低不平的地子，然后根据纹饰要求填入各色漆，待干后磨平，从而显出花纹，都属于填漆类。

戗划，是在漆面上先用针或刀尖镂划出纤细的花纹，然后在阴纹中打胶，将金箔或银箔粘上去，成为金色或银色的花纹。这种做法，戗金的纹理仍留有阴纹痕迹。

❀ **清·雕漆高士图圆炕几**

◎尺　寸　88厘米×57厘米×31厘米

※鉴赏要点　此炕几木胎，通体髹红漆，浅浮雕高士图。有束腰，鼓腿膨牙，结构小巧，装饰细腻。

❀ 清·蝶纹洒金地识文描金葵瓣式捧盒

※鉴赏要点 此盒呈葵瓣式，木胎。盒面葵瓣式
开光内洒金地识文描金蝶纹和瓜果纹。纹饰色彩
对比清晰，层次感强，描金效果非常明显。

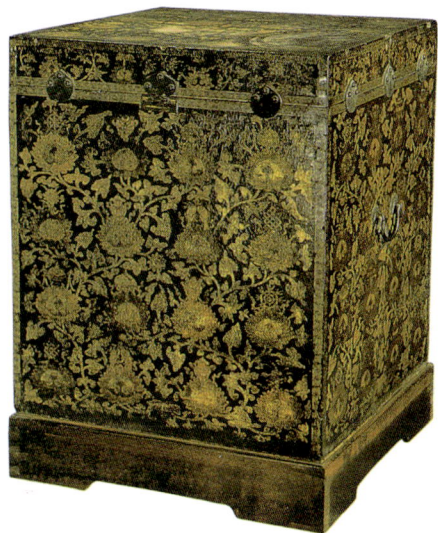

❀ 明万历·缠莲八宝彩金象描金紫漆大箱

❀ 清嘉庆·剔红嵌粉彩瓷板
香几（一对）

◎尺　寸　高35厘米

※鉴赏要点 香几为银锭式
几面，束腰拱肩，几面镶粉
彩瓷板。三弯腿，足端雕卷
草纹，下承圆珠，踩托泥。

❖ 清·剔红长方盒

◎尺　　寸　长41厘米

※鉴赏要点　此盒木胎，长方形委角式，盘心雕山水人物纹，盘边开光浮雕牡丹纹。纹饰精致，清新亮丽。

❖ 清晚期·黑漆描金人物故事图书柜

◎尺　　寸　141厘米×41厘米×161厘米

※鉴赏要点　柜身柴木髹漆，棕角榫结构，四面方正平直。前脸两扇硬挤门，攒框镶心制成。每门上部横开两方孔，下部开四孔，外侧金漆书对联，里侧三孔中间稍长，两侧稍短，除靠外侧的金漆对联外，其余各孔均以金漆描绘人物故事图。柜腿甚高，正面装落曲齿式攒框牙子。论做工算不上精品，但具有浓厚的文化气息，时代虽较晚，但存世不多，有一定的罕见性。

❖ 清·识文描金蝶形盒

※鉴赏要点　此盒呈蝶形，蝶的翅、身以识文描金为之，高高隆起。蝶的前方为瓜果纹，栩栩如生，充分显示了匠师的高超技艺。

明清家具中常用的几种楔子

明清家具中常用的楔子有如下几种：1.挤楔。楔是一种一头宽厚，一头窄薄的三角形木片，将其打入榫卯之间，使二者结合严密，榫卯结合时，榫的尺寸要小于眼，二者之间的缝隙则须由挤楔备严，以使之坚固。挤楔兼有调整部件相关位置的作用。2.大进小出楔。它是在半楔的基础上，用结实而规整的木楔穿透家具表层将半榫备牢，省工省料，既美观又坚固。这种楔一般用在两层材料不一致的家具之上，也可用在断损的榫的修复上。3.半榫破头楔。破头楔用在半榫之内，易八难出。破头楔一旦在半眼的卯里撑开后，榫头将很难再退出，是一种具有不可逆性的独特而坚固的结构，最适宜用在像抽屉桌桌面下的矮佬等悬垂而负重的部件上。这种做法不常使用，因为它没法修复，被称为"绝户活"。

镶特指以物相配合。嵌，指把东西卡在空隙里。通常所言镶嵌，是以金、石等贵重之物钉入木器或漆器上，组成各种各样的纹饰或图画。

镶嵌，又名"百宝嵌"，分两种形式，一种平嵌，一种凸嵌。平嵌，即所嵌之物与地子表面齐平。凸嵌，即所嵌之物高于地子表面，隆起如浮雕。百宝嵌又名"周嵌"、"周制"。钱泳《履园丛话》载："周制之法，惟扬州有之。明末有周姓者。始创此法，故名周制。其法以金、银、宝石、珍珠、青金、绿松、螺钿、象牙、蜜蜡、沉香为之，雕成山水、人物、树木、楼台、花卉、翎毛、嵌于檀、梨、漆器之上。大而屏风、束椅、窗、书架，小则笔床、茶具、砚匣、书箱，五色陆离，难以形容。真古来未有之奇玩也。"《金玉琐碎》说："周翥以漆制屏、柜、几、案，纯用八宝镶嵌。人物花鸟，亦颇精致。愚贾利其珊瑚宝石，亦皆挖真补假，遂成弃物。与雕漆同声一叹。余儿时犹及见其全美者。曰周制者，因制物之人姓名而呼其物。"周翥系明嘉靖（1522～1567）时人，为严嵩所豢养，严嵩事败后，周所作器物皆没入官府，流传民间的绝少。清初始流入民间，仿效者颇多。

家具镶嵌材料种类颇多，其中以螺钿镶嵌居绝大多数；其次为各色珐琅、木雕、各色石材、各色瓷片及金银片等。其规律是经济价值越高，数量越少。

❀ 清·红木大理石座屏
◎尺　寸　130厘米
×205厘米

※鉴赏要点　座屏的边座为红木制，屏心镶大理石，石面纹饰酷似宋元山水，意趣横生。石面左上角镌"远眺寒峻"及五言古诗一首。屏座绦环板上雕博古图案，站牙、披水牙上均雕回纹和花卉纹。

❀ 清·紫檀嵌理石插屏
◎尺　寸　高24厘米

※鉴赏要点　插屏边座为紫檀
制。屏心镶理石。站牙及绦环板
透雕拐子龙纹，双鼓式座墩。

❀ 清·红木嵌理石插屏
◎尺　寸　高68厘米

※鉴赏要点　屏座为红木制，中心镶大
理石。边框、绦环板、披水牙子等均透
雕螭纹。整体空灵剔透，别具一格。

❧ 清·嵌螺钿漆石百子图屏风（八扇）

◎尺　　寸　40.5厘米×196厘米

※鉴赏要点　此屏风共八扇，髹黑漆为地。屏心为嵌螺钿理石百子图，镶嵌工艺极高，人物、景色刻画栩栩如生。屏风上部及侧边镶嵌博古纹，下部为动物纹。此屏装饰艳丽，雍容华贵且寓意吉祥。

❧ 清·砸木大理石挂屏（三件）

◎尺　　寸　200.5厘米×153厘米

※鉴赏要点　此挂屏三扇成堂，硬木边框，平心镶或圆或方大理石。结构简洁，意蕴深远。

平嵌法

　　平嵌法，多体现在漆器家具上。其做法是先以杂木制成家具骨架，上生漆一道，趁漆未干，粘贴麻布，用压子压实，然后再涂生漆一道，阴干。上漆灰泥子两道，头一道稍粗，第二道稍细，每次均需打磨平整。干后再上生漆，趁黏将事先准备的嵌件依所需纹饰粘好，干后再在地子上上细漆灰。漆灰要与嵌件齐平，漆灰干后，略有收缩，再根据所需颜色上各色漆。通常要上两到三遍，使漆层高过嵌件，干后经打磨，使嵌件表面完全显露出来。之后再上一道光漆，即为成器。其他质料的镶嵌也大多采用同样的做法。

❀ **清·镶玉石博古挂屏**
◎尺　　寸　　长50厘米

※鉴赏要点　此挂屏木制，髹漆。平心攒框装板，并用玉石等料镶嵌成花果、博古等图案。构图简洁而气韵流畅。

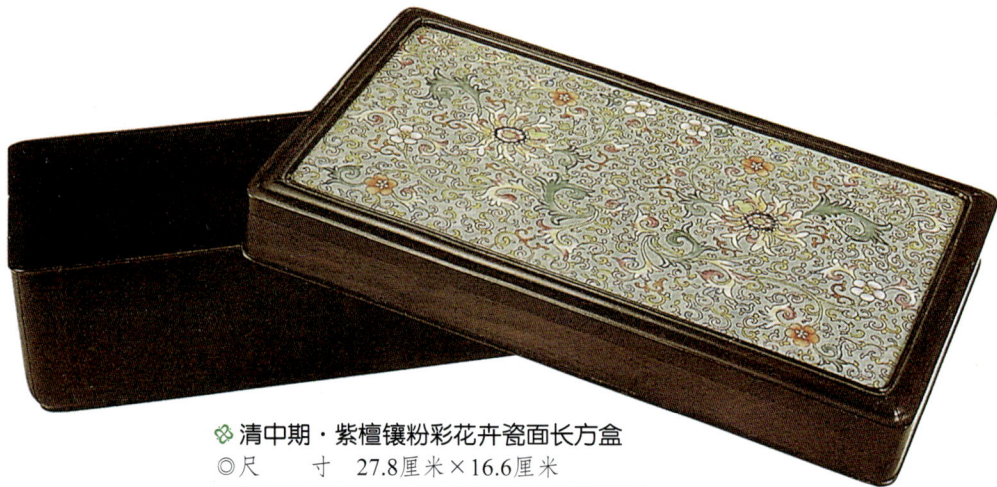

❀ **清中期·紫檀镶粉彩花卉瓷面长方盒**
◎尺　　寸　　27.8厘米×16.6厘米

❀ **明万历·嵌螺钿黑漆牡丹诗文案**

◎尺　　寸　158.3厘米×6.3厘米×36.3厘米

※鉴赏要点　漆案为有束腰三弯腿式，木胎披麻，形制精巧典雅。漆案表面髹黑漆嵌螺钿，内里髹朱漆，漆面断纹明显。嵌螺钿成牡丹、竹叶、山石和蝴蝶图案，山石嶙峋，竹叶遒劲，枝叶舒展。

❀ **清·嵌螺钿花鸟人物漆盒**

◎尺　　寸　高35厘米

※鉴赏要点　此盒为木胎，盒的正面开光饰螺钿楼阁人物纹，开光外为锦地。盒盖及两侧嵌螺钿花鸟纹。盒下有壶门式牙板，上嵌螺钿饰缠枝花草。装饰风格华美，纹理清晰。

❀ **清·百宝嵌人物小柜**

◎尺　　寸　84厘米×44厘米×137厘米

❀ 清末·红木嵌螺钿理石旋转圆桌、凳
◎尺　　寸　高104厘米

※鉴赏要点　五件圆桌、凳为一组是较常见的家具陈设形式。但此圆桌、凳面部均嵌理石，牙板采用嵌螺钿工艺并施纹饰技法，"S"形圆桌柱可以旋转。此桌融中西方文化为一体，突出传统文化的雕工，但不失庄重之感，新颖的设计在当时已经是很先进的了。

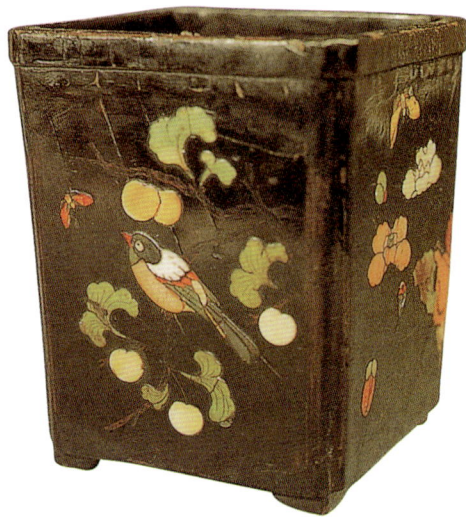

❀ 清·嵌螺钿莲花纹漆小圆盒
◎尺　　寸　口径5.6厘米

※鉴赏要点　盒为木胎，髹黑漆。盒盖上嵌螺钿缠枝莲纹，器身亦饰缠枝莲纹。纹饰繁缛，风格别致。

❀ 明·黑漆嵌百宝笔筒
◎尺　　寸　13厘米×13厘米×16厘米

※鉴赏要点　此笔筒木胎，髹黑漆。在冷峭的黑漆地子上，镶出热烈的花果、禽鸟、草虫纹饰，显示出明代匠师高超的艺术创造力。

❀ 紫槽百宝嵌插屏

❀ 情中期·紫檀嵌百宝花蝶图长方盒
◎尺　　寸　27厘米×16.5厘米

◎成 交 价　RMB 82 500

※鉴赏要点　此盒长方形，四角包有铜镀金装饰片。盒面以寿山石、螺钿和珊瑚等镶嵌花蝶图，一只蝴蝶翩翩欲飞。该盒图案富丽繁缛，具有极强的装饰效果。

凸嵌法

凸嵌法，即在各色素漆家具上或各种硬木家具上根据纹饰需要，雕刻出相应的凹槽，将嵌件粘嵌在槽口里。嵌件表面再施以适当的毛雕，使图案显得更加生动。常见这种嵌法的嵌件高于器物表面，由于其起凸的特点，使纹饰显现出强烈的立体感。但偶尔也有例外，即镶嵌手法相同，嵌件表面与器物表面齐平，如桌面四边及面心，就常采用这种用法。

❀ 明·紫檀嵌百宝花鸟图笔筒
◎尺　　寸　高9厘米

◎成 交 价　RMB 28 600

※鉴赏要点　此笔筒圆形，通体以螺钿、寿山石等镶嵌成花鸟图。一只绶带鸟栖息在树枝上。整个图案简洁明快，富于装饰趣味。

❀ 明·黄花梨嵌百宝花卉龙纹长方桌

◎尺　　寸　　高99.5厘米

◎成 交 价　　HKD 1 742 400

※鉴赏要点　桌面四边起拦水线，带高束腰，束腰处百宝嵌花卉纹。壶门式牙，三弯腿外翻马蹄，牙板及腿足部均嵌百宝花卉纹。做工精细，装饰华丽，极具宫廷家具的特色。

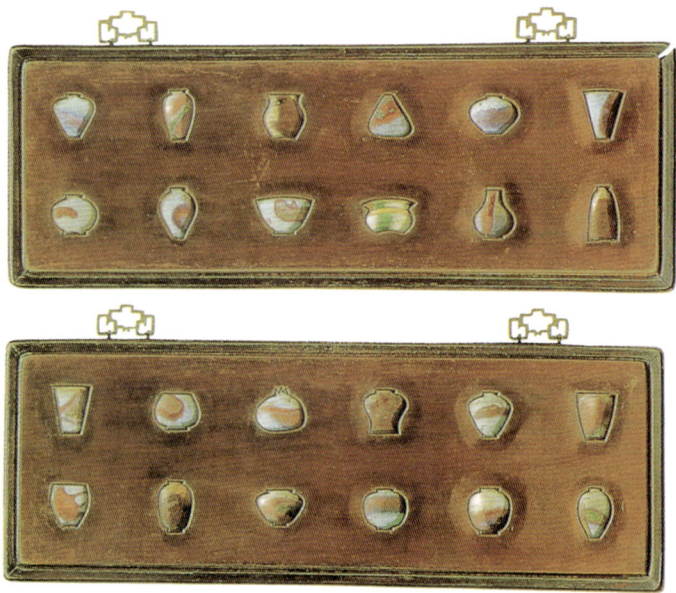

❀ 清·红木嵌元钧挂镜

◎尺　　寸　　长85厘米

※鉴赏要点　挂屏边框及屏心为红木制，屏心凸嵌瓶、钵、碗、杯和尊等元钧瓷。色彩凝重，别具一格。

金属饰件的装饰功能是以它的实用功能为基础的，大多有各自的艺术造型，常结合家具的具体风格以一些简洁优美的几何状或寓意吉祥的图样装饰。无论是总体比例，点面关系还是安装位置都经过精心地构思，不仅对家具起到进一步的加固作用，同时也为家具增添了色彩，达到了繁简适度、美观得体的装饰效果。优美的造型和柔和的色调，再配上金光闪闪的金属饰件，使家具更加美观。传统家具的金属饰件，明代早期和民间多用白铜或黄铜制成，晚期至清前期多用红铜镀金，显得异常华丽。这些光彩夺目的金属饰件，装饰在花梨、紫檀、鸡翅木等色调柔和、木质文理优美艳丽的家具上，造成了质感上、色彩上的强烈对比，给人以美的享受，使金属饰件充满了人情味。民国家具在明清家具的基础上，大量引进了西欧风格的铜饰件，使得这些饰件原有的特点更加鲜明。

金属饰件的种类与功能

古典家具金属饰件主要有：合页、面叶、面条、扭头、吊牌、曲曲、眼钱、拍子、提环、包角和套腿等。

合页，由两块铜板共同包裹一根圆轴组成，可开可合，故名合页。合页的造型多种多样，有长方形、圆形、六角形、八角形的和各种花边的。合页的安装分明钉和暗爪两种。明钉常用特制的浮钉钉安，暗爪则用钻打眼，将暗爪穿过去，再将透过的暗爪向两侧劈分，使合页附着牢固。面叶，是在柜子或箱子中间衬托扭头、吊牌的饰件。由两块或三块组成，通常用两块，或左右，或上下用。如果两门中间加活动立栓，则需加一长条形面叶，俗称"面条"。

拍子，是装在箱匣类卜盖前脸正中部位的饰件，作用相当于扣吊。箱盖盖好后放下拍子，拍子面上的两个小长方孔正好套在箱子前脸的小曲曲上，上锁后，箱盖便不能打开。

扭头，是为上锁而备的饰件，通常在对开的门边上各装一个，如果两

❖ 面叶和面条

门中间有立栓，则在立栓上也装一个。扭头中部有圆孔，上锁时，须同时贯穿两个或三个扭头，门便不能打开。

吊牌，是便于牵引柜门或抽屉的饰件，较大的器物则用吊环，都用曲曲固定在家具的特定部位。吊环不仅有牵引功能，还有向上提起的功能。常见的吊牌和吊环形式多样，有椭圆形、长方形、瓶形、磬形、钟形、花篮形、双鱼形等，上面雕刻各式花纹，是装饰性较强的饰件。

曲曲和眼钱，曲曲的作用不仅可以上锁，它还可以固定提环和吊牌。曲曲的使用常和眼钱相配合，曲曲下面衬以眼钱，不仅可以防止提环磨损木面，而且为家具平添几分美观。眼钱的造型也花样繁多，有圆形、方形、海棠花形、梅花形等。

包角，一般装在箱子的四角，其作用是加强箱子各部榫卯的结合力。

套腿，是根据家具的四足，随形装在足端的铜套。作用是避免木质受潮和与地面的摩擦，保持器身平稳，延长使用寿命。

❀ 箱景泰蓝制合页和面条

❀ 长方面条

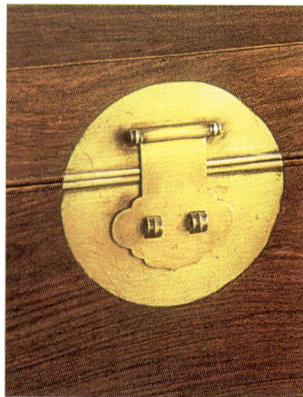
❀ 箱子前脸面叶与拍子

❀ 铜包角

金属饰件的安装方法

金属饰件的安装手法大体分两种，一种平卧法，一种浮钉法。

平卧法，即在家具安装饰件的部位剔下与饰件造型、大小、薄厚相同的一层木头，将饰件平卧在槽内。装好后饰件表面与家具表面齐平。这种饰件都用暗钉，即在钉头焊上铜爪，铜爪分两叉，先在大边上打眼，将钉钉入打好的孔后，再将透过的双爪向两侧劈分，将饰件牢固地固定在家具上。

浮钉法，家具表面不起槽儿，只在家具上打眼，将饰件平放表面后用泡钉钉牢，装好后，饰件高出家具表面，与平卧法形成不同风格的装饰效果。

❁ 明·黄花梨衣箱
◎尺　　寸　48厘米×27厘米

※鉴赏要点　此衣箱为黄花梨木制，光素无纹。正面有方形委角面叶及拍子，两侧安铜提环。四角及箱板明榫结合处用铜包裹，锁钥齐全，所用铜饰件皆用平卧法安装。

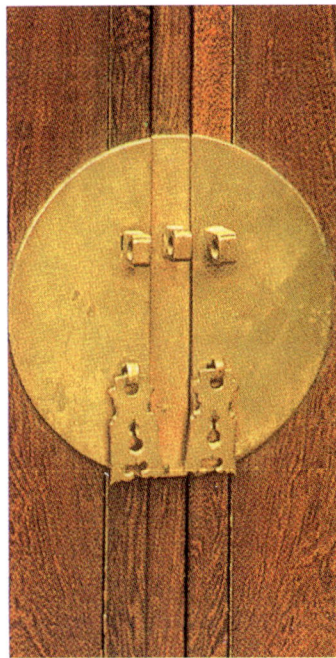

❁ 采用浮钉法安装的面叶

❁ 清·黑漆嵌螺钿春耕图长方盒
◎尺　　寸　长37厘米

※鉴赏要点　此盒木胎髹黑漆，嵌螺钿成春耕图案。以平卧法装面叶等铜饰件。

❀ 清早期·紫檀嵌影木面多宝箱
◎尺　　寸　高34厘米

※鉴赏要点　箱体框架及提梁皆用优质檀木制成，四周嵌以影木面，影木纹理俏丽细腻。箱内设八个抽屉，屉面亦为影木。箱子的外部有一铜饰件。整体用料讲究，制作工艺精细。

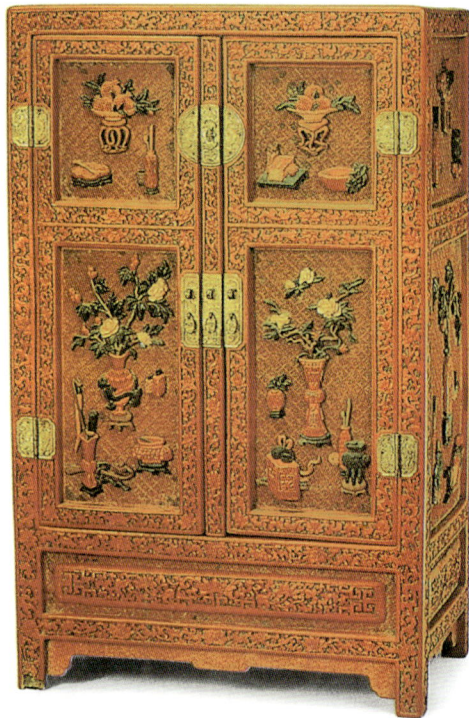

❀ 明·剔红嵌百宝博古竖柜
◎尺　　寸　71厘米×36厘米×129厘米

※鉴赏要点　竖柜通体髹红漆。对开双门，中有立柱，门心板上下开光，于剔红锦地上施百宝嵌博古纹，两山亦如之。门下有柜肚，开光浮雕花鸟纹。边框安铜錾花纹活页及面叶。纹饰细腻，器型规整。

❀ 清末·红木嵌理石挂屏
（一对）
◎尺　　寸　高128厘米

古典家具收藏知识百科

Chapter *04*

古典家具的 **纹饰**

Classical Furniture

　　中国传统家具的装饰花纹与其他各类工艺品一样，都是按着中国传统祥瑞观念延续下来的。它反映了中国古人的审美情趣和思维模式。在家具的装饰题材和使用习俗中，融会着各种思想观念。家具上的装饰花纹，不同历史时期有不同历史时期的风格特点。

　　中国古典家具的装饰纹样，有图案化的，也有趋于写实的，它们的图案来源于生活，某些纹饰主题还有着极其久远的历史。明清家具对美有截然不同的追求。明式家具不重雕饰，主要突出家具自身的造型美和线条美，它特有的美学个性和艺术范式也鲜明地体现在纹饰图案上。与清式家具相比，明式家具的纹饰里植物、风景、动物题材较为常见，寓意比较雅逸，更增强了明式家具的高雅气质。而清式家具以雕绘满眼绚烂华丽见长，其纹饰图案也相应地体现着这种美学风格，题材丰富多彩是清式家具纹饰图案的特点之一。清代家具纹饰图案的题材在明代的基础上进一步发展拓宽，至清雍正以后，仿西洋纹样的风气大盛。所以，利用家具上的纹饰确定家具的时代，也是鉴定家具的一个手段。

龙纹

古典家具的纹饰

龙纹作为中华民族文化的代表，从原始社会至今始终沿用不衰，但各个时期有各个时期的特点。最早的龙并没有腿和角，后来发展成了腿和角。明代龙纹的特点是无论龙身为何种姿态，其龙发大多从龙角一侧向上高耸，呈怒发冲冠状。明中期前多为一绺，到明晚期多为三绺，入清后的康熙时期则呈披头散发的样子。至乾隆时期，龙的头顶显出七个圆包，正中稍大，周围略小。龙的眉毛在明万历以前大多眉尖朝上，万历以后大多朝下。龙的爪子在清康熙以前多为风车状，到了乾隆时期龙的爪子开始并合。乾隆以前的龙纹大多姿态优美、苍劲有力，至清后期，龙身臃肿呆板，毫无生机。如果龙爪看上去形似鸡爪的话，其时代则是民国时期，现存民间的绝大多数龙纹家具，基本都是民国以后的。

❀ 清·紫檀嵌螺钿龙纹

❀ 清中期·红木雕龙画柜（二件）

◎尺　　寸　93.5厘米×62厘米×133.5厘米

◎成 交 价　RMB 286 000

※鉴赏要点　此套画柜为专制，屉是六件组合，老红木制作。艺人充分利用红木紫红木质的特色，屉面浅浮雕穿云龙戏珠，云水茫茫，飞龙矫健，有"紫气东来"的意趣。画柜雕饰缜密到无"立锥"之地，但刀刀有序，脉络分明，体现出艺人刀法如庖丁游刃的极妙功夫。屉面拉手则为二龙所戏之"珠"，虽为小巧，亦有妙思。用以珍藏搁置书画，可谓珠椟之配。

❀ 清·画珐琅龙纹

❀ 清·云龙纹

❀ 明嘉靖·龙纹戗金细勾填漆柜门残件

◎尺　　寸　高100厘米

◎成 交 价　RMB 275 000

❀ 清·云龙纹

凤纹

凤纹，在家具应用上十分普遍。凤凰为古代传说中的神鸟，在皇宫内寓为后妃之像，以凤纹作为装饰的器物多为后妃们所专用。历代又以凤为瑞鸟，认为它是羽虫之中最美丽的。其形象为鸿前麟后，蛇颈鱼尾，鹳额鸳腮，龙纹龟背，燕颔鸡喙，五色具备。飞时百鸟相随，见则天下安宁。《大戴礼·易本命》："有羽之虫三百六十。而凤凰为之长。"传说凤鸟非梧桐不栖，非竹实不食，非礼泉不饮。有圣王出，则凤凰现。《诗经·大雅》："凤凰鸣矣，于彼高冈，梧桐生矣，于彼朝阳。"雄为凤，雌为凰，雄雌同飞，相和而鸣，遂以"凤鸣朝阳"寓高才逢时；"鸾凤和鸣"，为祝人婚礼之辞。

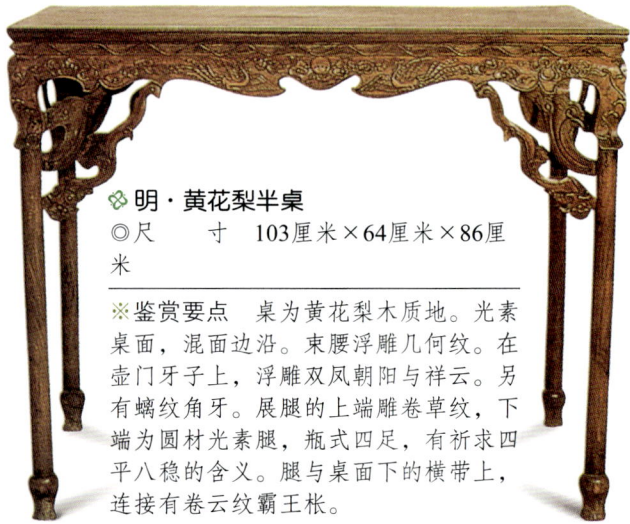

❀ 明·团凤纹

❀ 明·紫檀牡丹双凤纹牙板透雕

◎尺　　寸　高16.8厘米

◎成　交　价　RMB 10 000

※鉴赏要点　透雕牡丹花卉纹，浮雕双凤纹。凤纹形态优美，体态轻盈，雕工精细，纹饰流畅。

❀ 明·黄花梨半桌

◎尺　　寸　103厘米×64厘米×86厘米

※鉴赏要点　桌为黄花梨木质地。光素桌面，混面边沿。束腰浮雕几何纹。在壶门牙子上，浮雕双凤朝阳与祥云。另有螭纹角牙。展腿的上端雕卷草纹，下端为圆材光素腿，瓶式四足，有祈求四平八稳的含义。腿与桌面下的横带上，连接有卷云纹霸王枨。

❀ 黄花梨浮雕双凤朝阳纹

❀ 清·樟木雕人物龙凤纹饰件

◎尺　　寸　34厘米×12.6厘米

※鉴赏要点　该器形制硕大，纹饰繁复。中央为福禄寿三星，左右分别为文武高士。其上为龙凤朝阳。雕工之上涂以红漆再描金，极其精细。

🦎 家具纹饰的发展演化（一）🦎

　　家具大多是人类的生活实用品，家具上的装饰纹样是随着器物的使用需要和人类的审美要求不断发展的，不但反映了当时的生活需要和观念意识，而且是当时最通俗易懂、最普及的审美对象。但是中国时代久远，原始人的生活与理念、奴隶社会器物的种类与用途、封建社会不同阶层的享用和条件等，并不都被现代人所理解和认识。因此前代最普及易懂的事物，却需后人经过考订才能明确，生活上实用器物的纹样也是如此。原始社会的物质生活和文化理念大都与彩陶、玉器及其纹饰密切相关，中国地方辽阔，原始文化的发源地遍布南北，红山文化的勾龙、仰韶文化的彩陶、河姆渡文化的骨雕、良渚文化的玉器，创造了多种纹样语言。在图案组织方面，单独纹样、适合纹样、连续纹样都有所出现，特别是二方连续更是丰富多彩，既体现了主客观的结合、现实与理想的统一，也体现了人类的基本审美特点：图腾崇拜、宗教观念、符号含义，写实到抽象的升华。

❀ 清早期·黄花梨透雕对头凤香熏

◎尺　　寸　20厘米×6厘米×4厘米

※鉴赏要点　此香熏黄花梨木制，三面透雕对头凤，另两面雕如意云纹开光，此香熏榫卯精巧、工艺精湛，应为大户人家小姐闺房之物。此种香熏样式很少，应为较特殊的样式，故极具收藏价值。

❀ 清乾隆·紫檀雕龙凤长方箱

❀ 明·凤戏牡丹纹

❀ 双凤纹

❀ 小凤纹

❀ 凤纹（一）

❀ 凤纹（二）

❀ 凤纹岔角

❀ 凤纹（三）

螭纹

古典家具的纹饰

螭是传说中的一种没有角的龙，《说文通训定声》认为："螭是龙子。"螭纹起源于春秋，盛行于战国、西汉，贯穿于以后其他各时代。螭纹头部有两个似肉瘤状的线条，呈元宝形，是战国螭纹的主要特点；汉代的螭眼呈圆角度的方形，且下沉，呈下坠之势。西汉中晚期出现了双螭或子母螭。汉代螭纹头部、鼻下有一条横线，战国是没有的，至魏、晋、南北朝均有，六朝就没有了。一直到宋代又出现此横线。但鼻下这一横线自汉至宋越来越粗，且深，已走样；额上有一些道，也是如此，汉至南北朝均有。宋代螭纹头部结构发生变化，嘴部较方、细长，眼较大，细身，肥臀，宋以后，螭纹装饰被大量使用，但螭的形象已无汉代螭纹的特点，更似爬虫。

❀ 清·鸡翅木扶手椅
◎尺　　寸　高108.5厘米

※ 鉴赏要点　靠背板及扶手雕螭纹，靠背中心嵌墨玉，其上阴刻描金正龙纹。座面下束腰，有透雕螭纹角牙。方腿内侧边缘起阳线，四面平式管脚枨，内翻回纹马蹄。

❀ 清中期·红紫檀嵌珐琅面方凳
◎尺　　寸　高43厘米

❀ 明·黄花梨透雕螭龙纹

蝙蝠纹为一种传统寓意纹饰，蝙蝠不是鸟，也不是鼠，而是一种能够飞翔的哺乳类动物，属动物学中的翼手目。在中国的传统装饰艺术中，蝙蝠的形象被当做幸福的象征。传统习俗常以"蝠"当做谐音"福"运用，把蝠的飞临寓意为"进福"，希望幸福会像蝙蝠一样自天而降，以此结成吉祥图案。蝙蝠纹样变化相当丰富，有倒挂蝙蝠、双蝠、四蝠捧福禄寿、五蝠等。传统纹饰中将蝙蝠与"寿"字组合，曰"五蝠捧寿"。通常所言的五福分别为：一曰寿、二曰富、三曰康宁、四曰修好德、五曰考终命。也有将蝙蝠与云纹组合在一起，名曰"洪福齐天"；蝙蝠、寿山石加上如意或灵芝，名曰"平安如意"。福寿如意纹，织金"寿"字下部两个如意云托，托下是一倒飞的蝙蝠。万寿福禄纹，将鹿巧妙地画成团形，北负如意灵芝捧寿字，寿字间饰展翅飞翔的蝙蝠，构图十分简洁大方。

❀ 清中期·红漆描金大皮箱（一对）

◎尺　寸　长93厘米

※鉴赏要点　此箱木胎包牛皮，罩红漆，三面皆为贴皮镂空描金狮子滚绣球和五蝠捧寿图，黄铜面叶、拉手与箱子整体协调一致，色彩华丽，为祝寿时所用。

❀ 清中期·蝙蝠纹画框

❀ 五蝠捧寿

云纹

古典家具的纹饰

云纹大多象征高升和如意，应用较广，多为陪衬图案。形式有四合云、如意云、朵云、流云等，常和龙纹、蝙蝠、八仙、八宝纹结合在一起。云纹在古人思想观念中常被称为"庆云或五色云、景云、卿云"，古以为祥瑞之气。云纹是历朝历代，上至皇室贵族，下至平民百姓喜闻乐见的装饰题材之一。

云纹在各个时代中的形象也存在这样那样的差异，可以根据这些不同差异断定器物的年代。如：明代云纹大多为四合如意式，即四个如意头绞合在一起，上下左右各有云尾，其造型如"卐"字形。也有两侧云尾平行朝向左右两个方向的，属于朵云类。还有两侧云尾平行，上下用条状云纹、上下朵云斜向连接，构成大面积云纹图案，这种形式属于流云。

进入清康熙时期，云纹的风格就不一样了，云纹大多为一个大如意纹下无规律地加几个小旋涡纹，然后在左侧或右侧加一个小云尾，很少见到上下有云尾的。雍正时期的云纹一般较小，而且都有细长的云条连接，云条流畅自如，很少有尖细的云尾。乾隆时期的云纹又与前代不同，它有三种形式：一种是起地浮雕，以一朵如意云纹做头，从正中向下一左一右相互交错，通常五朵或六朵相连最后在下部留出云尾；另一种是有规律地斜向排列几行如意云纹，然后用云条连接起来，云头雕刻时从正中向四外逐渐加深，连接的云条要低于云朵，使图案显出明显的立体感来，这种纹饰大多为满布式浮雕；还有一种无规律的满布式浮雕也属于这一时期的常见做法，而在清雍正年以前乃至明代，绝大多数为起地浮雕，很少见到满布式浮雕的图案。

❀ 明·黄花梨如意云头交椅

◎尺　　寸　73厘米×49厘米×100厘米

※鉴赏要点　此交椅黄花梨木制，交叉腿，后背弧形，正中浮雕如意云头纹，起画龙点睛作用。

❀ 清·云蝠纹

❀ 明·云纹

❀ 清乾隆·描金云纹

家具纹饰的发展演化（三）

秦汉纹饰在继承传统的基础上有所发展，但仍以动物纹祥为主流。汉代纹饰质朴无华，具有动感，构图紧凑，富浓厚的装饰意味，拙中见巧，简中有繁。而此时谶纬神学泛滥，阴阳符瑞流行，厚葬成风，这些在画像石、画像砖、壁画、帛画、染织上都有所反映。当时国力强盛，经济发展迅速，加强了中外交流。魏晋南北朝，外来宗教艺术的影响加大，佛教、祆教等沿着丝绸之路传入中国。克孜尔石窟佛教故事菱形图案的组合，动物纹饰的装饰意匠，代表了龟兹艺术的最高水平。宋陆探微的"秀骨清像"，梁张僧繇的"张家样"，齐曹仲达的"曹衣出水"，也影响到造像和纹饰，青州造像上翔龙与嘉莲的雕饰，清秀典雅，是南北艺术交融的成果。

❀ 明·卧云纹

❀ 明·朵云纹

❀ 明·四合云纹

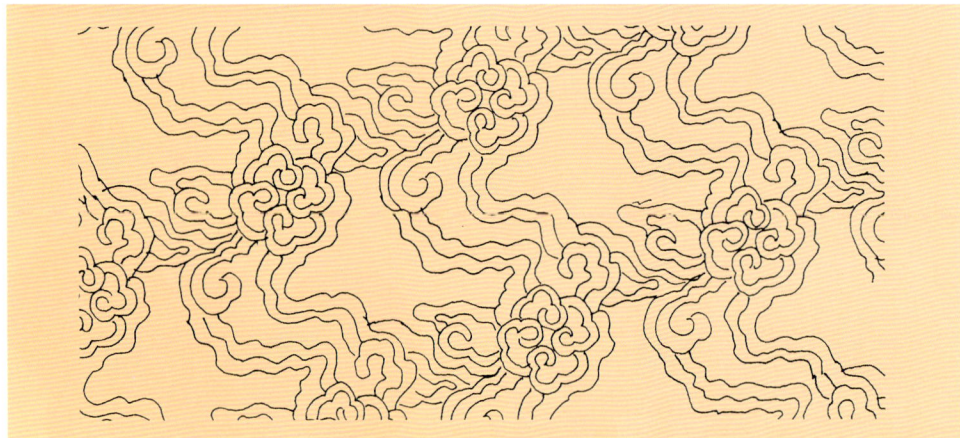

❀ 明·流云纹（左）四
合如意云（下）

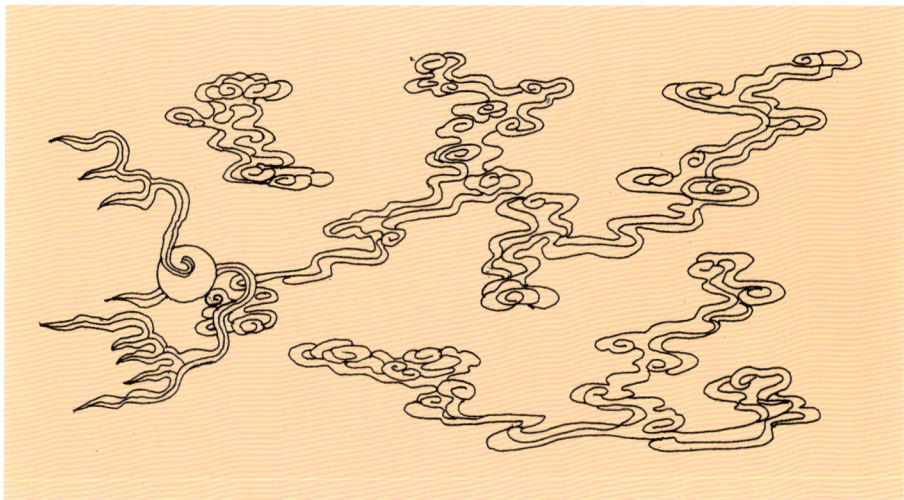
❀ 清雍正·流云纹

❀ 清康熙·流云纹

❀ 清乾隆·流云纹

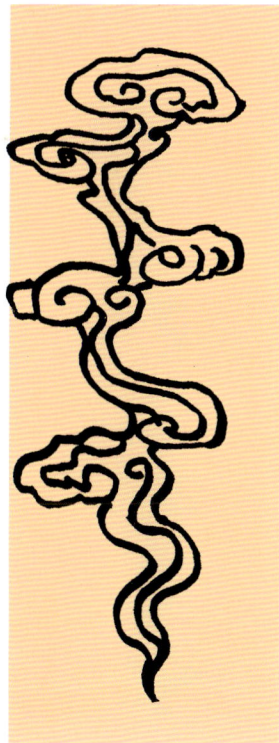
❀ 清乾隆·灵芝云纹

花卉纹在较大的插屏、挂屏、座屏上使用较多，在实用家具上则多用于边缘装饰，并大多用在漆器家具上。花卉纹内容非常广泛，最常见的有四季花的组合，一般是牡丹、莲花、菊花、芙蓉、海棠组"富贵满堂"。松、竹、梅组合一起称"岁寒三友"。兰花、桂花组合称"兰桂齐芳"。两朵莲花并列，上面织一金"喜"字，称"喜字并蒂莲"。灵芝与寿桃组合，表示"长寿"。此外，还有各种花卉如玉兰、水仙、萱草、鸡冠花、长安竹、海棠、寿桃、石榴、灵芝等不下几十种。花卉纹，或写实或夸张，图案优美流畅。有的与动物纹饰组合，更富有浓厚的生活气息。

❀ 牡丹纹与荷花纹

牡丹纹有折枝牡丹和缠枝牡丹。折枝牡丹常在柜门或背板雕刻或彩画，缠枝牡丹则常用以装饰边框。装饰手法多用螺钿镶嵌或金漆彩绘。宋代周敦颐《爱莲说》载："牡丹花富贵者也"。后人多以牡丹花象征富贵。

荷花纹，荷花又名莲花，是中国传统花卉。佛教常以莲花为标志，代表"净土"，象征"纯洁"，寓意"吉祥"。南北朝时期佛教盛行时，家具的纹饰以莲花纹和忍冬纹为最多。壶门装饰其实就是莲花纹的概括和提炼。荷花的装饰也大多用在屏风类家具上，常以碧玉饰荷叶。青玉、白玉饰荷花，形成色彩艳丽、形象逼真的立体图画。

❀ 明·牡丹纹

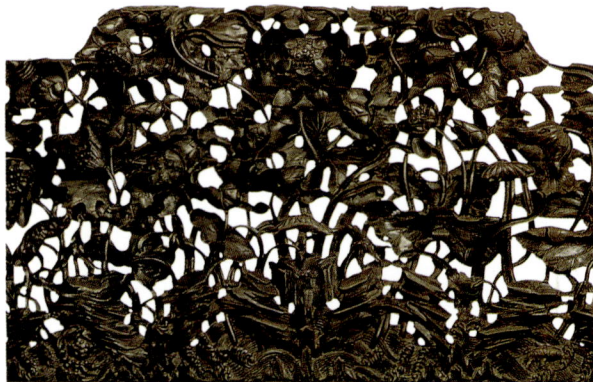

❀ 清·紫檀荷花纹
床靠板透雕

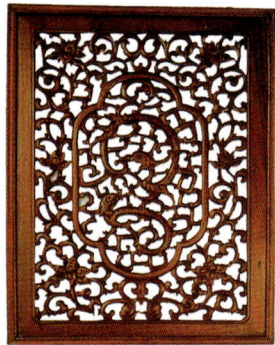

❀ 明·黄花梨莲花螭纹曲屏透雕

❀ 莲花纹

❀ 清·浮雕荷花纹隔扇

◎尺　　寸　270厘米×57厘米

🌸 松竹梅纹

梅花，岁寒三友之一，梅能于老干上发新枝，又能御寒开花，故古人用以象征不老不衰。梅瓣为五，民间又借其表示五福，世俗谓五福为"福、禄、寿、喜、财"。明清以来，梅花纹样是最流行和最为大众所喜闻乐见的传统纹样。

竹纹，竹子不刚不柔，滋生易，成长快，古人用以寓子孙众多。竹历寒冬而枝叶不凋，故岁寒三友中，竹居其一。

松，能顶风傲雪，四季常青，被誉为长寿的象征。松与梅、竹合称岁寒三友。在装饰花纹中常组合使用。

折枝花卉，大多装饰在柜门镶板、柜子两山的镶板上，或雕刻，或镶嵌，或彩绘，各种手法均有。常见的折枝花卉有梅花、桃花、海棠花、石榴花、桂花等，松、竹、梧桐则多为整株树形，很少有折枝。

❖ **清中期·红木浮雕折枝花卉多宝格（一对）**
◎尺　　寸　85厘米×36厘米×169厘米

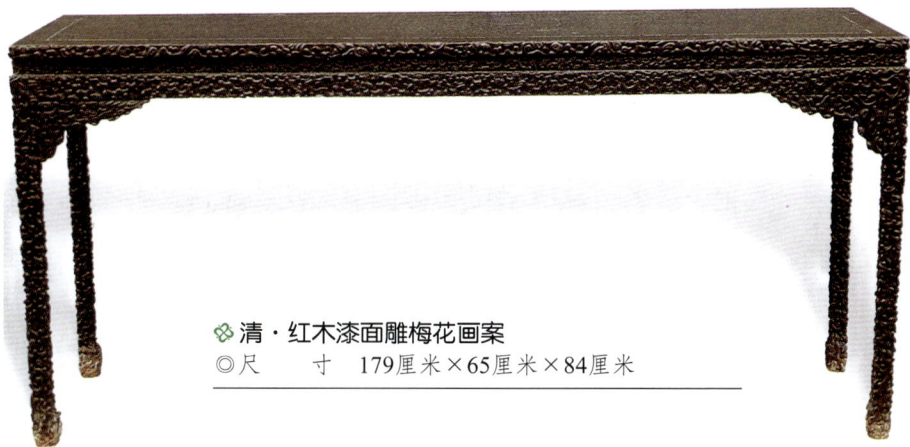

❀ 清·红木漆面雕梅花画案
◎尺　　寸　　179厘米×65厘米×84厘米

❀ 松竹梅纹

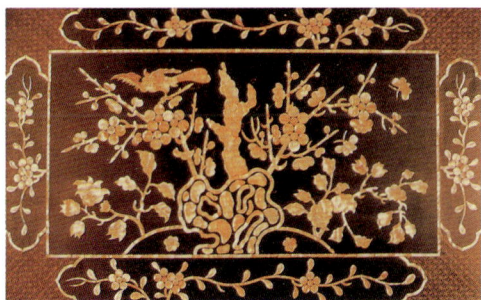

❀ 嵌螺钿梅花纹

❀ 梅花纹

明末清初之际，海上交通发达。西方传教士大量来华，传播了一些先进的科学技术。由于中国与西方的文化往来频繁，西方的建筑、雕刻和装饰艺术逐渐为中国所应用，自清雍正、乾隆及嘉庆时期，出现了模仿西式建筑及室内装饰的风气。最典型的是北京西郊畅春园中的远瀛观，从建筑形式到室内装修无一不是西洋风格。为充实和布置这些西洋式殿堂，曾经作过一些用西洋花纹装饰的家具，这样，在清代家具中，除主要用传统纹饰外，用西洋纹饰装饰的家具亦占有一定的比重。这种西洋花纹在西方统称为"巴洛克"或"罗可可"，因为这种花纹首先出现在法国路易十五时代，所以又称为"路易十五样式"，这种风格样式对当时的德国和东方各国（主要是中国）装饰艺术产生过极大的影响。对这种西洋纹饰，中国统称为"西番莲"。西番莲本为西洋传入的一种花卉，葡地而生。花朵如中国的牡丹，有人称"西洋莲"，又有人称"西洋菊"。花色淡雅，自春至秋相继不绝，春间将藤压地，自生根，隔年凿断分栽。根据这些特点，多以其形态作缠枝花纹，又极适合作边缘装饰。

❀ 清·紫檀西番莲纹扶手椅靠背板

❀ 清·紫檀雕西番莲方桌

◎尺　　寸　8.3厘米×83厘米×84厘米

※鉴赏要点　桌腿粗壮，挖出外翻蹄足，除肩部兽面外，其余部分采用西番莲纹装饰，此装饰纹样在紫檀家具中非常流行，也是西洋文化传入中国后的产物，多见于康乾时期的清式风格家具中。

❀ 清·黄花梨西番莲纹扶手椅

灵芝纹与缠枝纹

灵芝本来是一种名贵药材，由于数量稀少，得之不易，被视为仙草，人们把见到灵芝视为祥瑞的征兆，传说服之能长寿，还能起死回生，有不死药之称。历代小说也把灵芝与神话故事联系在一起，更增加了灵芝的神秘色彩。北京故宫博物院收藏着一对紫檀雕灵芝纹面案，面长171厘米，宽74.4厘米，高84厘米。画案模仿炕几造型，面下带束腰，鼓腿膨牙，但与一般鼓腿膨牙不同，四腿自拱肩处不是向四角方向而是向两侧张出后又向内兜转，足间有横木承托，横木中间有向上翻起的灵芝纹云头。此案除案面外通体浮雕灵芝纹，大小相同，随意生发，属满布式，无衬地，雕刻的灵芝丰腴圆润，造型及装饰手法都有独到之处。

缠枝纹，又名"万寿藤"，传统吉祥纹样，寓意吉庆。因其结构连绵不断，故又具"生生不息"之意。是以一种藤蔓卷草经提炼概括变化而成的图案，纹样委婉多姿、富有动感。这种纹饰起源于汉代，盛行于南北朝、隋唐、宋元和明清。缠枝纹以牡丹组成的称"缠枝牡丹"，以番莲组成的称"缠枝莲"。此外还有"缠枝葡萄"等。

❀ 清末·红木雕灵芝

❀ 清·红木双面雕灵芝花板

❀ 缠枝牡丹纹

山水风景纹

古典家具的纹饰

山水风景纹常装饰在屏风、柜门、柜身两侧及箱面、桌案面等面积较大的看面上。一般情况下施彩漆或软螺钿镶嵌，使用最多的是硬木雕刻。山水风景纹包括名胜古迹，四时景色等，如"西湖十景"、"桃李佛手"。"凤穿牡丹"、"双龙抢珠"、"松鼠葡萄"等图案装饰纹样。图案多取自历代名人画稿，画面中刻画亭台楼榭、树石花卉，由近及远，层次分明。陈设在室内，非常富于典雅清新的意趣，颇有清韵雅趣。

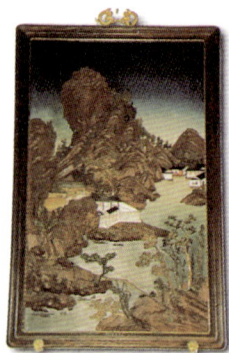
❖ 清·山水风景纹挂屏

❖ 清·漆嵌螺钿山水纹插牌
◎尺　　寸　高30.5厘米

❖ 清·描金漆山水风景纹

❀ 明·黄花梨浮雕山水人物纹

※鉴赏要点　作品雕刻三仙出游于空山幽谷之中，内有古松、怪石、险桥，构图奇峻，造景新颖，形神之间传递着宋元山水画的意境。

古典家具的纹饰

几何纹是以各种形式的线条或图形组成的各种图案，原始社会的装饰纹样以几何纹为主；几何纹可看做是从动物、植物，以及编织中异化出来的纹样。如菱形对角斜形图案是鱼头的变化，黑白相间菱形十字纹，对向三角燕尾纹是鱼身的变化等。几何形纹还有颠倒的三角形组合、曲折纹、个字形纹，梯形锯齿形纹，圆点纹或点、线等极为单纯的几何形象。几何纹包括各种锦纹、回纹、万字纹、博古纹等。几何纹在春秋时期以绳纹、圆涡纹、云雷纹为主（此类纹已很少见）。战国时期则以山字纹为特征。在三山、四山、五山等多种形式。战国时期的大几何纹均以早期的小几何纹作骨架，再填以小型的几何纹。因此，纹样较为复杂，循环度也大。

🌸 锦纹

锦纹，在漆器家具上使用较多，北京故宫博物院收藏着一对清代康熙年间制造的黑漆嵌螺钿书格，是迄今所见装饰锦纹最多的实物。书格楠木胎，通体黑漆地，以五彩螺钿和金银片托嵌成各种花纹，其中包括山水人物8种，花果草虫22种，图案锦纹36种，共计66种，大小图案共计137块。在二层屉下穿带上刻"大清康熙癸丑年制"楷书款。这对书格的精美主要表现在以下几个方面：首先是做工精细。在不到一寸见方的面积上做出十几个单位的锦纹图案，镶嵌花纹非常规矩。从剥落处看出螺钿和金银片的厚度比常见的新闻纸还薄。其次是装饰花纹优美，各种山水、人物、树石、花鸟草虫等形象生动。再次是装饰花纹丰富多彩，不同花样的锦纹就有36种之多，其中有二十几种是其他工艺品中从来没有见过的。此外，色彩调配恰到好处，镶嵌的花朵色彩变化无穷。如从正面看是粉红色的，从侧面看是淡绿色的，从另一角度看又变成白色的了，说明镶嵌艺人们在处理蚌壳的自然色彩时，是十分精心的。

❀ 清·万字枣花锦纹

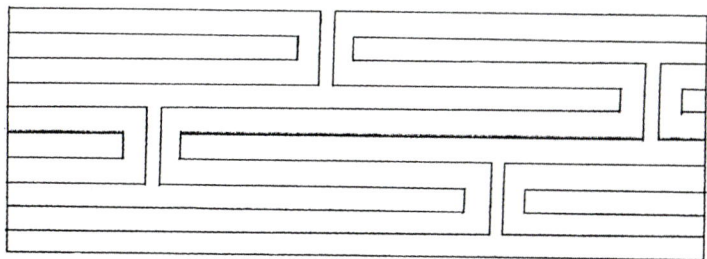
❀ 硬角回纹（一）

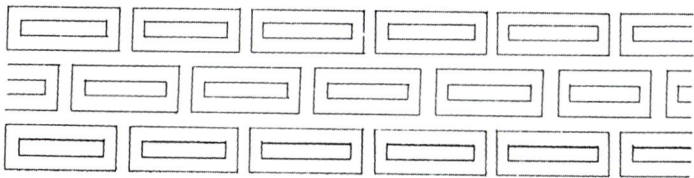
❀ 硬角回纹（二）

❀ 硬角回纹（三）

❀ 万字纹（一）

❀ 万字纹（二）

✿ 回纹

　　回纹即"回"字形纹饰，形态是以一点为中心，用方角向外环绕形成的图案。经过匠师们标新立异地发扬和创新，具体形式也发生了变化：有一个个单位均等排列成连续条带的，也有大大小小的回纹相接或套合的。清代家具四脚常用回纹装饰，也有的以连续回纹作边缘装饰，称为"回回锦"，花纹均由若干相同的单元构成整体图案，具有整齐划一而画面丰富的效果。

✿ 万字纹

　　万字纹，纹饰写成"卍"，字为古代一种符咒，用作护身符或宗教标志，常被认为是太阳或火的象征。"卍"字在梵文中意为"吉祥之所集"，佛教认为它是释迦牟尼胸部所现的瑞相，有吉祥、万福、万寿之意，唐代武则天长寿二年（693）采用为汉字，读作"万"。用"卍"字四端向外延伸，又可演化成各种锦纹，这种连锁花纹常用来寓意绵长不断和万福万寿不断头之意，也叫"万寿锦"。四个如意云头组成柿蒂形，中心饰一"卍"，寓意"万事如意"。用江牙与"卍"字第带组成"江山万代"图案。葫芦花、蔓、葫芦与"卍"字组合，寓意"子孙万代"。

博古纹，起源于北宋大观（1107～1110）时期，徽宗命王黼等编绘宣和殿所藏古器，名曰《宣和博古图》，计30卷。后取该图作家具装饰，遂名"博古"。有的在器物口上添加各种花卉，作为点缀，尤其进入清代后，在家具上使用较多，有清雅高洁的寓意。

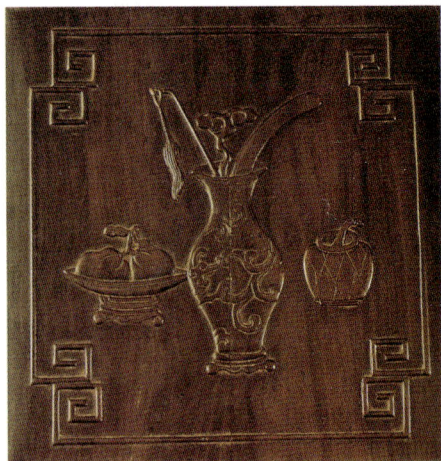

❈ 清·紫檀博古纹案屏风浮雕

❈ **清早期·大漆五彩博古大柜（一对）**

◎尺　寸　130厘米×56厘米×202厘米

※鉴赏要点　此柜在黑漆地上，用五彩描绘出博古花卉图案，框膛绘山水人物，下部牙子透雕卷云、松枝、花卉，此柜构图完美，用色大胆，人物花卉栩栩如生，可见其工艺精湛。

❀ 明·黄花梨镶黄杨木博古纹案屏浮雕

※鉴赏要点 板材选精良黄花梨木，画面镶黄杨木香炉、插屏、洞山石，香炉及屏身饰螭纹，瓶内插灵芝、羽毛。浑朴典雅，古趣流溢于画外。

❀ 博古纹

223

神话故事纹

古典家具的纹饰

中国神话故事是中华民族光辉灿烂的文化遗产的重要组成部分，来源于中华民族的历代文化，绚丽夺目而又纷繁无比。神话故事纹饰代表着中国古老的传统文化艺术。纹饰有大有小，或单独使用或与其他纹饰相组合。神语故事往往一组图案绘一个盛传旧事，且多安乐祥瑞之意，很受人欢迎。最常用的有八吉祥纹和八宝纹。清家具中有根据神话传说演化而来的纹饰，多为海屋添筹、五岳真形图、河马负图、八仙过海、八宝纹等内容，它们多寓人们美好的愿望。

海屋添筹纹

海屋添筹，画面中绘波涛汹涌的大海，海中有仙山楼阁，楼阁中陈设宝瓶，内插筹码，空中有飞翔的仙鹤，口中衔筹，欲往瓶内添筹。仙山周围散布若干小岛，点缀苍松翠柏，以增加画面仙境的气氛。这个故事见于宋代苏轼《东坡志林》，传说有三个老人相遇，互相询问年岁，一人曰：吾年不可记，但忆少年时与盘古有旧；一人曰：海水变桑田，吾辄下一筹，尔来吾筹已经装满了10间屋。一人曰：吾所食蟠桃，弃其核于昆仑山下。今已与昆仑山齐矣。后来，人们常在祝寿礼物上装饰"海屋添筹"图案。

❀ 清·海屋添筹纹

🌼 五岳真形图

　　五岳真形图，即用五个符号，分别代表五座大山。据《藏经》记载："五岳之神，分掌世间人物，各有所属。如：泰山乃天地之孙，群灵之府，为五岳祖，主掌人间生死贵贱修短。衡岳主掌星象、分野、水族鱼龙。嵩岳主掌土地山川，牛羊食。华岳主掌金银铜铁，飞走蠢动。恒岳主掌江河淮济，四足负荷等事。"因此雕刻此图的目的是为了驱魔避邪，以求得居家安乐，永保祯祥。

◎华岳

◎嵩岳

◎泰岳

◎恒岳

◎衡岳

🌼 五岳真形图

🌼 河马负图纹

　　河马负图纹，浮雕河马，马背上有河图的纹饰，这种纹饰，即称"河马负图"或"海马献图"。马与龙有时一而二，二而一。《周礼·夏官人》说："马，八尺以上为龙，七尺以上为，六尺以上为马。"因而凡马之大者。亦可称"龙"，或"龙马"。《礼记》曰："圣人用民必从，天不爱其道，不藏其宝，故河出马图。"注曰："龙马负图也"。孔安国《尚书·大传》曰："王者有仁德，则龙马见。伏羲之世，龙马出河。遂则其文以画八卦，谓之河图也。"河马负图历代都被视为祥瑞的象征。

🌼 清·五岳真形图

🌼 清·河马负图纹

225

八宝纹，八宝又名八吉祥。由法螺、法轮、宝伞、白盖、莲花、宝瓶、金鱼、盘肠组成。八宝本是佛教中的八种法器，各具不同含义。据《雍和宫法物说明册》介绍，法螺，具菩萨果妙音吉祥；法轮，大法圆转万劫不息；宝伞，张弛自如曲覆众生；白盖，偏覆三千净一切之药；莲花，出五浊世无所染着；宝瓶，福智圆满具完无漏；金鱼，坚固活泼解脱坏劫；盘肠，回环贯彻一切通明。八种宝物又被人们奉为八种吉祥物，用作装饰称为"八宝生辉"。八仙，即人们熟知的道教八位仙人的总称。装饰图案常隐去人物，只雕出八仙每人手中之物，俗称暗八仙。暗八仙图案分别为汉钟离的宝扇、吕洞宾的宝剑、张果老的渔鼓、曹国舅的玉版、铁拐李的葫芦、韩湘子的紫箫、蓝采和的花篮、何仙姑的荷花。八种宝物又代表不同的意义。明清两代八仙的故事流传极广，纹饰也为人们喜闻乐见，常用以装饰家具，寓意祝颂长寿之意。

❀ 清·八宝纹

❀ **清乾隆·紫檀雕暗八仙小柜**

◎尺　　寸　　86厘米×58厘米

◎成 交 价　　RMB 286000

❀ 八宝纹

❀ 清·暗八仙纹

❀ 清·暗八仙纹

❀ 清·暗八仙纹

古典家具的纹饰

吉祥图案是中华民族传统文化的重要组成部分，图案巧妙地运用人物、动物、日月星辰、风雨雷电、文字等，以神话传说、民间谚语为题材，通过借喻、比拟、双关、谐音、象征等手法，创造出图形与吉祥寓意完美结合的形式。晚清家具装饰花纹多以各种物品名称的谐音拼凑成吉祥语，凡属这类纹饰，多数为清代中晚期作品。如：宝瓶内插如意，名曰"平安如意"；佛手、寿桃、石榴组合，名曰"多福、多寿、多子"；满架葡萄或满架葫芦寓为"子孙万代"；一支戟上挂玉磬，玉磬下挂双鱼，名曰"吉庆有余"；喜鹊和梅花组合寓意"喜上眉梢"……不胜枚举。还有直接将吉祥文字作为装饰的，常用的吉祥文字有"福"、"禄"、"寿"、"喜"四个字，用各种书法或变体形式可以组成"百福"、"百禄"、"百寿"、"百喜"图，常与室内艺术品或屏风雕刻结合起来，体现出书法艺术、民族艺术和传统文化相应相生，颇具意味。

❖ 清·教子升天纹

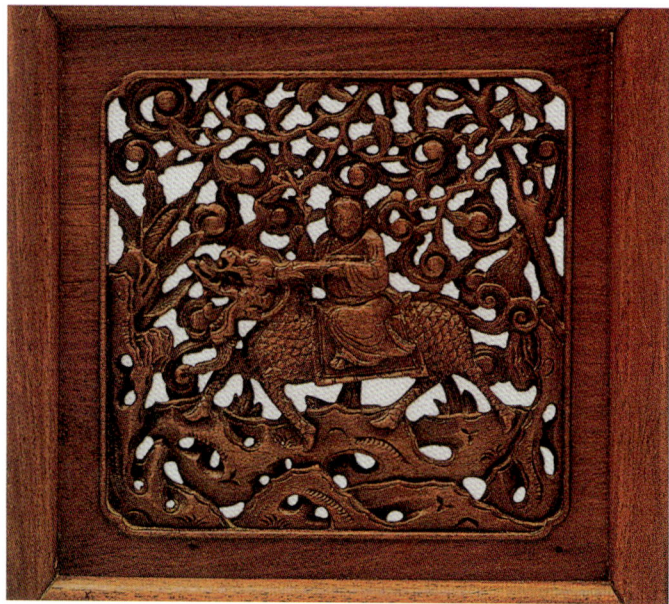

❖ 清·麒麟送子纹

❀ 清乾隆·紫檀框百宝嵌岁朝吉祥
◎尺　　寸　高109厘米

◎成 交 价　HKD 2987 50

❀ 明·黄花梨大理石插屏
◎尺　　寸　高95.5厘米

◎成 交 价　RMB 1100 000

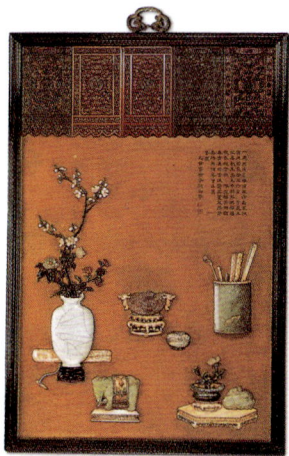

❀ 清中期·紫檀福寿椅（一对）
◎尺　　寸　高107厘米

❀ 清·剔红八吉祥方胜套盒
◎尺　　寸　　17.6厘米×24.1厘米×13.6厘米

※鉴赏要点　"方胜"形指的是两个重叠一角的正方形，本件作品采取的造型即是此件作品的特别之处：工匠先作成一个雕漆框架和台座，再将绘有吉祥图案的小方盒放进框架之中，设计十分繁复而富有创意。朱漆框架雕菊花，蕊作篆书"寿"字。侧面支架上透雕花卉锦纹。框架间露出里面的描漆方盒。底下的台座连六个象鼻式的脚，亦雕上花纹。里面的漆盒施五彩，大小五个相叠。漆器的内部、底、盖内，皆黑漆，无款。整个套盒上遍布法轮、法螺、宝伞、白盖、莲花、宝瓶、金鱼、盘肠等代表佛教的八种吉庆祥瑞之物，又称"八吉祥"，是始见于元代，而明清时期十分流行的图案。

❀ 清·红木雕福禄寿太师椅（一对）

◎尺　　寸　62厘米×48厘米×96厘米

※鉴赏要点　该椅红木制，面下束腰，束腰与牙条一木联作。牙条甚宽，浮雕双如意纹。直腿内翻回纹马蹄，四面平管脚枨。面上靠背与扶手攒框镶心，当中透雕如意、蝙蝠、仙鹤、鹿等，寓福、禄、寿之意。

❀ 透雕寿字纹

❀ 寿字如意纹

❀ 明·漆嵌百宝鹤鹿同春插屏

❀ 清·黄花梨浮雕官帽椅吉祥纹靠背板

※鉴赏要点　板雕蝙蝠、玉磬、双鱼图案，寓意福庆有余。其最突出的特点是在它上方极大限度地展现了曲线美。视其整体布局，既考虑了靠背板的坚实耐用，又兼顾了纹饰内容的美观。

古典家具的 材质

Classical Furniture

　　木料的材质是构成古典家具的最主要的因素，鉴识木材是判定家具制作年代和时间首先要注意的问题。由于材质的不同，家具的造型、做工工艺、装饰手法及造作工具上也都有所差异。

　　中国古典家具所采用木材大体有以下几种：黄花梨、紫檀木、花梨木、鸡翅木和铁梨木、红木、楠木、影木、乌木、黄杨木等。其中以黄花梨、紫檀最为珍贵，楠木、榉木、鸡翅木、红木等也见有美器传世，但木头的珍贵程度则稍差一些。传世的明清家具中，有不少是用紫檀、黄花梨、铁梨木等制作的。这几种木材在清代中期以后日见匮乏，成为罕见珍材。所以，凡是用这四种硬木制成而又看不出改制痕迹的家具，大都是传世已久的明式（包括明代及清前期）家具原件。今存的传世硬木家具中，也有不少是使用红木、新花梨木制作的，这几种硬木是在紫檀、黄花梨等名贵木材日益难觅的情况下被大量使用的，用这些木材制作仿古家具，多为清代中期以后直至晚清、民国时期的产品。

　　民国家具的木料使用不像明清时代那样分散，一是老红木，二是柚木。民国家具中很少有紫檀木、鸡翅木、铁梨木制作的，大量的是红木，间或有少量的花梨木；在白木家具中以柚木为主，间或有柞木、榆木等。

黄花梨

古典家具的材质

黄花梨又称老花梨，属于豆科蝶形花亚科黄檀属植物，广东一带多称此木为"香枝"，其学名为"海南降香黄檀"。颜色由浅黄到紫赤，色彩鲜美，纹理清晰而有香味。明代比较考究的家具多用黄花梨木制成。黄花梨木的这些特点，在制作家具时多被匠师们加以利用和发挥，一般采用通体光素，不加雕饰。从而突出了木质纹理的自然美，给人以文静、柔和的感受。

目前市场上流通的所谓"黄花梨"绝大多数为越南花梨、老挝花梨、缅甸花梨、柬埔寨花梨等，其色彩纹理与古家具中的黄花梨稍有接近，唯丝纹极粗，木质也不硬，色彩也不如海南黄花梨鲜艳。

通过对木样标本进行比较，在众多花梨品类中，首推海南降香黄檀。海南降香黄檀主要生长在海南岛的西部崇山峻岭间，木质坚重，肌理细腻，色纹并美。据传其木锯削寝水饮用，可治疗高血压病，当地人则称其为"降压木"。

❁ 清·黄花梨圈椅（一对）

◎尺　　寸　　60厘米×46厘米×102厘米

※鉴赏要点　靠背板分四段，一三层开光，二层透雕卷草龙纹，下锼亮脚。椅圈不出头式，椅盘下配罗锅枨加矮佬。具有很高的收藏价值。

❁ 老挝花梨

❁ 柬埔寨花梨

❀ 明·黄花梨玫瑰椅

❀ 降香黄檀（一）

❀ 降香黄檀（二）

❀ 降香黄檀（三）

❀ **清·黄花梨方角柜加座**

◎尺　　寸　　87厘米×49厘米×168厘米

※鉴赏要点　此柜黄花梨木制，柜子简洁明了，无雕饰花纹，侧脚收分明显，白铜叶面、合页、拉环衬托出此柜的典雅，下面底座，上部有两只抽屉，抽屉下的绦环板上细雕卷草纹，内翻马蹄。

酸枝木

古典家具的材质

酸枝木大体分为三种：黑酸枝、红酸枝和白酸枝。它们的共同特性是在加工过程中发出一股食用醋的味道，由于树种不同，有的味道浓厚，有的则很微弱，故名酸枝。酸枝之名在广东一带行用较广，长江以北多称此木为"红木"。在三种酸枝木中，以黑酸枝木最好。其颜色由紫红至紫褐或紫黑，木质坚硬，抛光效果好。有的与紫檀木极接近，常被人们误认为是紫檀，唯大多纹理较粗，不难辨认。红酸枝纹理较黑酸枝更为明显，纹理顺直，颜色大多为枣红色。白酸枝颜色较红酸枝颜色要浅得多，色彩接近草花梨，有时极易与草花梨相混淆。我国现存的红木家具，大多为清代中期以后的作品，并成为判定家具年代的一个基本界限。从现在流传的红木家具看，以民国家具使用的红木量最大、质量最佳。

❀ 红酸枝

❀ 白酸枝

❀ 清式·红木半桌

◎尺　寸　92厘米×46厘米×83厘米

※鉴赏要点　半桌也称接桌，通体红木质地。它的长度比宽度多出一倍，即两个半桌接起来，就是一个正方形的桌子。此桌无束腰，冰盘沿与做出拱肩的横枨相连，状似束腰。四腿直下，内翻回纹马蹄。腿之间有镂空的券形拐子纹花牙。

❀ 清·红木被格
◎尺　　寸　140厘米×40厘米×42厘米

※鉴赏要点　被格是置于床上用于存放被褥及衣服的家具。其长度大约与床或炕的宽度相等。此柜分上下两层，上层平设抽屉五具，辅以铜质拉环及暗锁。下层两侧镶板，落堂踩鼓。中间四扇小门两折两活。打开柜门即可将活扇门拉向中间或取下。设计巧妙，制作不俗。

❀ 黑酸枝

❀ 阔叶黄檀（黑酸枝）

❀ 卢氏黑黄檀

❀ 清·红木宝座

❀ 近现代·红木三连台座
◎成交价　RMB 17 600

※鉴赏要点　通体红木质地，由三座组成一凸字形轮廓。面为边镶板心，沿有拦水线。束腰下洼膛式牙板。腿为方才曲形，下雕如意云纹。三座托泥连成一体，托泥成曲形，与洼膛肚式牙板遥相呼应，托泥下有托台座。

紫檀木

古典家具的材质

紫檀是世界上最贵重木料品种之一（指优质紫檀），由于数量稀少，见者不多，遂为世人所珍重。我国古代认识和使用紫檀木始于东汉末期，到了明代，此木为皇家所重视，开始大规模采伐。由于明代采伐过量，到清时尚未复生，来源枯竭，这也是导致紫檀木为世界所珍视的一个重要原因。紫檀木主要产于南洋群岛的热带地区，其次东南亚地区。中国广东、广西也产紫檀木，但数量不多，大批材料主要靠进口。紫檀为常绿亚乔木，高五六丈，叶为复叶，花蝶形，果实有翼，木质甚坚色赤，入水即沉。紫檀木分新、老两种。老者色紫，新者色红，都有不规则的蟹爪纹。紫檀木的特征主要表现为颜色呈犀牛角色泽，它的年轮纹大多是绞丝状的，尽管也有直丝的地方，但细看总有绞丝纹。紫檀鬃眼细密，木质坚重。鉴别新老紫檀的方法，新紫檀用水浸泡后掉色，老紫檀浸水不掉色；在新紫檀上打颜色不掉，老紫檀打上颜色一擦就掉。

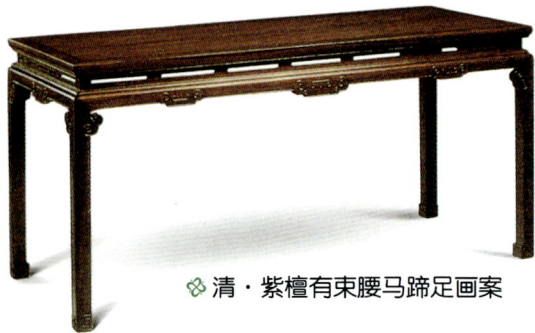

❀ 清·紫檀有束腰马蹄足画案

❀ 清·紫檀浮雕长方桌
◎尺　　寸　107.5厘米×37厘米×35厘米
◎成 交 价　RMB 93 500

❀ 清乾隆·紫檀雕九璧宝盒
◎尺　　寸　37.8厘米×33.5厘米

❖ 清末·紫檀雕龙翘头案

◎尺　　寸　182厘米×46厘米×84厘米

◎成 交 价　RMB 121 000

❖ 清·紫檀雕云龙长方盒

◎尺　　寸　48厘米×28厘米

清宫紫檀家具极尽奢华

　　紫檀木为清代官廷御用家具的首选。经长期使用，家具表面会因空气的自然氧化和人为的使用摩擦，而形成一层酷似角质的润泽表层，也就是家具行里常说的"包浆"。以目前仿古家具的工艺还难以仿制出自然形成的紫檀"包浆"，因此，紫檀家具近年来逐渐成为清代家具收藏的主流。紫檀在乾隆时期官定的价格即是楠木的20倍以上，可见其身价之高。清代官廷家具中紫檀家具占极大比重。以紫檀制作的家具有两种形式，一种是不施雕饰，表面光素无纹，充分展示紫檀木特有的天然质感，这一类多为明代家具或清仿明式家具；另一种则是利用紫檀细密的质地和极高的可塑性，进行精湛地雕琢。清代官廷家具则以后者居多。清宫造办处制作家具的工匠多来自广东和江苏两地，这两地当时也是最著名的家具产地。当年，能够进京八官做工是件荣耀之事，地方和官内造办处都会发给安家费，而且工银丰厚。乾隆年间，好工匠的工银相当，甚至高于一般知县的俸银，如果活计做得好，还有赏银和赏物，而且每年还有带薪探亲假期，附带发给盘缠路费，这样的待遇使工匠可以全身心地工作，充分发挥其最佳技艺。清代官廷家具做工精良，除汇集全国各地的优秀工匠之外，还有民间家具无可比拟的特殊条件，就是官内造办处有各种"珐琅作"、"錾花作"、"镀金作"、"牙作"等，为官廷家具提供极佳的配套附件，由此也衬托出皇家官廷家具的富丽华贵与皇室威严。现今得以传世的精美紫檀家具，绝大多数都保存在北京故宫博物院及皇家庙宇里，流传在民间且完好保存的官廷紫檀家具几乎是凤毛麟角。

❀ 清乾隆·紫檀雕花卉鱼桌

❀ 非洲紫檀

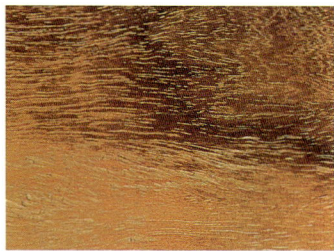
❀ 印度大叶紫檀

❀ 清早期·紫檀圆包圆罗锅枨画桌

◎尺　　寸　125厘米×60厘米×82厘米

※鉴赏要点　此桌通体牛毛紫檀制成，桌面四拼板，边腿开劈料，小罗锅枨，顶牙板，圆包圆，为典型清早期做工，具有极高的收藏价值。

❀ **现代·紫檀隔画小案（清式）**

◎尺　　寸　79厘米×98厘米×21.8厘米

※鉴赏要点　案面为一块独板，四足垂直落地，窄窄的牙条配精妙的勾云纹牙头，文静且具隽永之美。这种尺寸的小案可放置于悬挂的大幅绘画之前，起到"隔画"的作用，也可用来放置造像、瓷器等陈设。

❀ 檀香紫檀

❀ 大果紫檀

花梨木

花梨木色彩鲜艳、纹理清晰、美丽，产于交趾（今越南）和广东、广西，一名花榈树。叶如梨而无实，木色红紫而肌理细腻，可作桌、椅、器具、文房诸器。世传花梨木有新、老之分，黄花梨即人们传统认识中的老花梨，颜色由浅黄至紫赤，色彩鲜美，纹理清晰而有香味。明代比较考究的家具多为老花梨木制成。新花梨泛指各类草花梨，木色赤黄，纹理色彩较老花梨差的多。现代植物学研究表明，黄花梨木属于蝶形花亚科黄檀属的植物。草花梨为紫檀属，花榈木为红豆属，黄花梨为黄檀属，所以将三种不同科属的木材统称为花梨木，显然不科学，理应将它们区分开来。

❖ 清·花梨木雕草龙小榻

◎尺　　寸　103厘米×163厘米×95厘米

※鉴赏要点　此榻花梨木制作，形制甚为特别，此榻形鼓腿膨牙，高束腰。特别之处为：床面上无任何榫眼，围子为落地式，呈两面围状。围子上部满透雕卷草龙纹，颇具明代遗风。

❀ 越南花梨

❀ 越南花梨（带皮）

❀ 草花梨

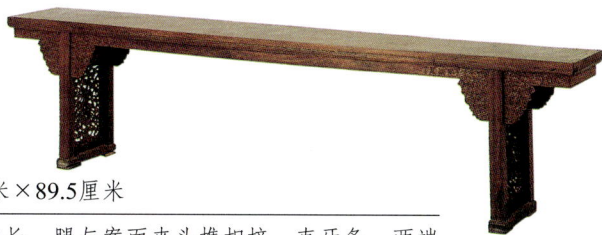
❀ 花梨木雕草龙小榻（局部）

❀ 明·花梨木云龙纹长案
◎尺　　寸　359厘米×48厘米×89.5厘米

※鉴赏要点　此长案面平直狭长，腿与案面夹头榫相接。直牙条，两端雕出云形牙头，上雕云龙纹。两侧腿间安横枨，镶嵌两块环板，上层雕云纹开光，下层透雕云龙纹，方直腿，腿中间起皮条线，足下承托泥。此案体形硕大，雕工精美，为一件难得大器。

🔆 德国家具

　　德国是欧洲第一家具生产大国，家具产量占全欧洲产量的三分之一，一年一度的科隆国际家具展引导欧洲的家具潮流。同其他欧洲国家生产的家具相比，德国家具有以下特点：第一，设计重视整体效果。第二，考虑视觉和手感。第三，重视人体工程学在家具设计中的应用。第四，重视贯穿家具设计与生产过程中的环保问题。第五，家具设计中的价格因素。欧洲家具竞争十分激烈，顾客在选购产品时更是挑剔，这也要求生产者不断引进和采用最先进的技术。德国家具这几年依旧流行枫木、樟木和非洲木材。沙发面料则流行亚麻、藤和纤维。此外，金属和毛玻璃也得到了更广泛的应用。近年来德国家具的流行色调是咖啡、蜂蜜和牛奶等自然色。

古典家具的材质

铁梨木，或作"铁力木"、"铁栗木"。《广西通志》谓铁梨木一名"石盐"、一名"铁棱"。产于中国广东、广西，木质坚而沉重。心材淡红色，髓线细美。在热带多用于建筑。广东有用其制作桌、椅等家具，极为经久耐用。在硬木树种中，铁梨木是最高大的一种，因其料大，多用其制作大件器物。常见的明代铁梨木翘头案，往往长达三四百厘米，宽60厘米~70厘米，厚14厘米~15厘米，竟用一块整木制成。为减轻器身重量，在案面里侧挖出4厘米~5厘米深的凹槽。铁梨木材质坚重，色彩纹理与鸡翅木相差无几。不仔细看很难分辨。有些鸡翅木家具的个别部件损坏，常用铁梨木修理补充。

❀ **明·铁梨木大翘头案**
◎尺　寸　长298厘米

※ 鉴赏要点　铁梨木质地。在光素的案面下沿起阳线。案面两端翘头，向外微微翻卷，并封堵截面。牙条与牙头一木连作，并贯穿两腿，中间雕二螭相对，云纹牙头上雕二螭相背及回纹。腿上打槽，夹牙头与案面相交，为夹头榫结构。腿子上雕回纹、螭纹。两侧腿间有一大一小双螭纹挡板，寓意"教子升天"。底枨下装壶门牙，足向外微微撇出，称作香炉腿。

❀ **明·铁梨木券口靠背玫瑰椅（一对）**
◎尺　寸　高89厘米

※ 鉴赏要点　靠背镶有券口，三面圈子下部有圆枨加矮佬，正面壶门有膛肚，为明式家具基本形式。

❀ 明·铁梨木翘头小香案

◎尺　　寸　68厘米×29厘米×91厘米

※鉴赏要点　此案铁梨木制，案面宽厚，牙头、牙条边缘起阳线，牙头有两个小珠子与牙条相交，直腿外呈混面，腿坐在托泥上，两腿之间的横枨下有壶门式牙板。此案通体光素，短小精悍，造型紧凑而不拘谨，用料虽少而皆选精良，控制比例恰到好处，其艺术震撼力不亚于大型条案。

民国家具的材质

　　民国家具的主要材质仍是木料，辨析民国家具从木料上就能作出判断。民国家具的用料不像明清时代那样多样，一是老红木，二是柚木。民国家具中很少有紫檀木、鸡翅木和铁梨木制作的，大量的是红木，间或有少量的花梨木；在白木家具中以柚木为主，间或有柞木、榆木等。现流通于市面的民国家具大都是老红木原，这种木头产于热带、亚热带地区，其中以印度与泰国的质量最为上乘，俗称"泰红"与"印红"。花梨木在民国家具中不是主角，但也占据了一定的数量。民国时期红木和花梨木价格相当，在当今市场上，红木和花梨木家具的价格能差一倍，但花梨木家具仍然属于硬木高档家具。

❀ 铁梨木

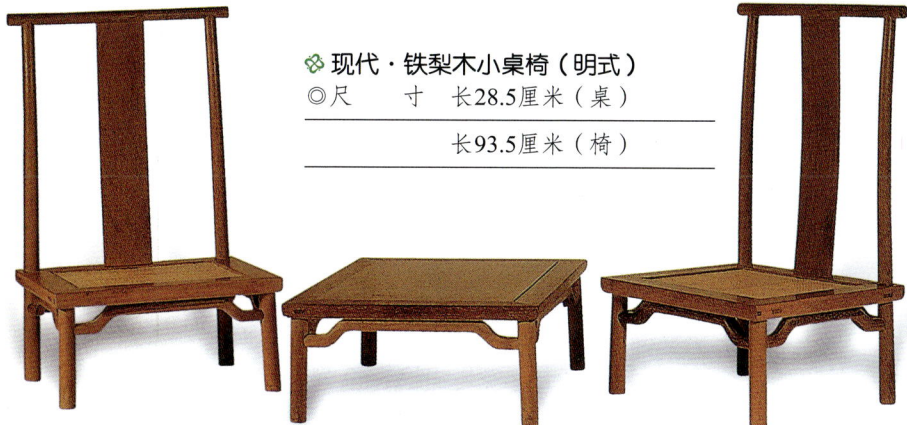

❀ 现代·铁梨木小桌椅（明式）

◎尺　　寸　长28.5厘米（桌）

长93.5厘米（椅）

鸡翅木

鸡翅木为崖豆属和铁梨木属树种。分布较广，非洲的刚果、扎伊尔，南亚、东南亚及中国的广东、广西、云南、福建等地区均产此木。大体可分非洲崖豆木、白花崖豆木和铁梨木三种。鸡翅木又作"杞梓木"，因其木质纹理酷似鸡的翅膀，故名。屈大均《广东新语》把鸡翅木称为"海南文木"。其中讲到有的白质黑章，有的色分黄紫，斜锯木纹呈细花云。子为红豆，又称"相思子"，可做首饰。因之又有"相思木"和"红豆木"之称。

《格古要论》介绍："鸡翅木出西番，其木一半纯黑色，如乌木。有距者价高，西番作骆驼鼻中绞子，不染肥腻。常见有作刀靶，不见其大者"。但从传世实物看，并非如此。鸡翅木也有新、老的说法，据北京家具界老师傅们讲，新者木质粗糙，紫黑相间，纹理浑浊不清，僵直呆板，木丝容易翘裂起茬儿。老者肌理细腻，有紫褐色深浅相间的蟹爪纹，细看酷似鸡的翅膀，尤其是纵切面，木纹纤细浮动，变化无穷，自然形成各种山水、人物、风景图案。与花梨、紫檀等木的色彩纹理相比较，鸡翅木又独具特色。实际情况是新、老鸡翅木属红豆属植物的不同品种。据陈嵘《中国树木分类学》介绍，鸡翅木属红豆属，计约40种。侯宽昭《广州植物志》则称共有60种以上，中国产26种，有的色深，有的色淡，有的纹美，有的纹差，品种不同而已。

❀ 黄鸡翅木

❀ 鸡翅木

❀ 鸡翅木白花崖豆木

❀ 鸡翅木炕柜（一对）　（明式）

❀ **明·鸡翅木两屉桌**

◎尺　　寸　长157.5厘米

◎成 交 价　RMB 880 000

❀ **清·鸡翅木六仙桌**

◎尺　　寸　82厘米×82厘米×80厘米

※鉴赏要点　此桌鸡翅木制，造型简洁大方。桌面四边打槽攒边装板，无束腰，横枨与桌面有两根立柱。横枨与立柱外面呈双混面，直腿和桌面外缘呈单混面。

❀ **清早期·鸡翅木翘头案**

◎尺　　寸　长170厘米

◎成 交 价　RMB 88 000

※鉴赏要点　此案通体鸡翅木质地。光素桌面两端安装翘头。面下四腿，以夹头榫各夹一雕有卷云的牙子，与案面连接，牙板之间互不相连，唯以出榫或用胶与案面粘连。

影木和乌木

古典家具的材质

影木，又称"瘿木"，俗名"树疙瘩"，泛指树木的根部和树干所生的影瘤，或泛指这类木材的纹理特征，并非专指某一树种，影木有多种，有楠木影、桦木影、花梨木影、榆木影等。《博物要览》卷十载："影木产西川溪涧，树身及枝叶如楠，年历久远者可合抱。木理多节，缩蹙成山水人物鸟兽之纹"。

按《博物要览》所说影（瘿）木的产地、树身、枝叶及纹理特征与骰柏楠相附，估计两者为同一树种，即楠木影。影木的取材，有的取自树干，有的取自树根。至今还时常听到木工老师傅们把这种影木称为桦木根、楠木根等。大块影木多取自根部，取自树干部位的当属少数。树木生瘤本是树木生病所致，故数量稀少，大材更难得。所以大都用为面料，四周用其他木料包边，世人所见影木家具，大致如此。影木又分南影北影，南方多枫树影，北方多榆树影。南影多蟠屈秀特，北影则大而多。《格古要论·异木论》载："影木出辽东，山西，树之影有桦树影，花细可爱，少有大者；柏树影，花大而粗。盖树之生瘤者也。国北有影子木，多是杨柳木，有纹而坚硬，好作马鞍鞒子"。

乌木属柿科植物，又作"巫木"。晋代崔豹《古今注》载："乌木出交州，色黑有纹，亦谓之'乌文木'"。《诸番志》卷下称为"乌木"。乌木并非一种，《南越笔记》载："乌木，琼州诸岛所产，土人折为箸，行用甚广。志称出海南，一名'角乌'。色纯黑，甚脆。有曰茶乌者，自做番舶来，质甚坚，置水则沉。其他类乌木者甚多，皆可作几杖。置水不沉则非也"。明末方以智《通雅》称乌木为"焦木"，"焦木，今乌木也"。注曰："木生水中黑而光。其坚若铁。"可见乌木可分数种，木质也不一样，有沉水与不沉水之别。

❀ 乌木（一）

❀ 乌木（二）

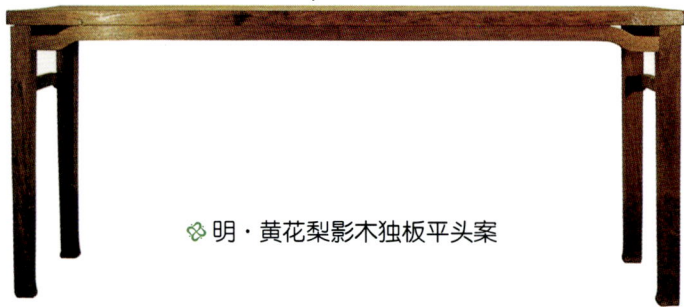
❀ 明·黄花梨影木独板平头案

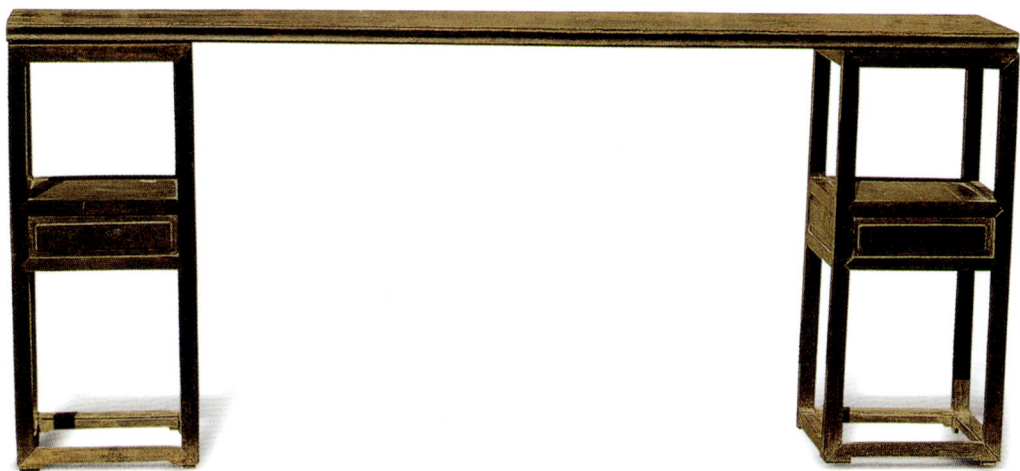

❀ **明·乌木架几书案**

◎尺　　寸　　208.5厘米×37厘米×92厘米

◎成 交 价　RMB 528 000

※鉴赏要点　这张架几书案当为明代较早之物，简朴单纯，纯洁清雅。其以架几为腿，几中段有格，既起加固作用，视觉上增加稳重的效果，案则为四平之"板"而已。这种架几案寻常人家不用，用途其实有二，其一为读书人架书，其二则权为香案。

❀ **清中期·乌木七屏风式扶手椅**

◎尺　　寸　　高81.5厘米

◎成 交 价　RMB 165 000

※鉴赏要点　此对扶手椅是典型的苏作家具，靠背、扶手仿窗棂做法，各种部件相交处均为圆做，圆润自然。

黄杨木和楠木

古典家具的材质

黄杨木为常绿灌木，枝叶攒簇向上，叶初生似槐牙而丰厚，不花不实，四时不凋，生长缓慢。传说每年只长一寸，遇闰年反缩一寸。《博物要览》提到有人曾做过试验，并非缩减，只是不长而已。《花镜》卷三介绍黄杨木说："黄杨木树小而肌极坚细，枝丛而叶繁，四季常青，每年只长一寸，不溢分毫，至闰年反缩一寸。"昔东坡有诗云："园中草木春无数，唯有黄杨厄闰年。"黄杨木木质坚致，因其难长故无大料。通常用以制作木梳及刻印之用，用于家具则多作镶嵌或雕刻等装饰材料。未见有整件黄杨木家具。黄杨木色彩艳丽，佳者色如蛋黄，尤其镶嵌在紫檀等深色木器上，形成强烈色彩对比反差，互相映衬，异常美观。

楠木，产于中国四川、云南、广西、湖南、湖北等地。据《博物要览》记载："楠木有三种，一曰香楠，二曰金丝楠，三曰水楠。南方多香楠，木微紫而清香，纹美。金丝楠出川涧中，木纹有金丝，向明视之，闪烁可爱。楠木之至美者，向阳处或结成人物山水之纹。水楠色清而木质甚松，如水杨，惟可做桌、凳之类。"明代宫殿及重要建筑，其栋梁必用楠木，因其材人质坚且不易糟朽。清代康熙初年，也曾派官员往浙江、福建、广东、广西、湖北、湖南、四川等地采办过楠木，由于耗资过多，清康熙皇帝以此举太奢，劳民伤财，无裨国事，遂改用满洲黄松，故而如今北京的古建筑楠木与黄松大体参半。世俗都取楠木为美观，也有于杂木之外另包一层楠木的。至于日用家具，楠木占少数，原因是其外观终究不如其他硬木华丽。

❁ 清·楠木雕荷莲茶罐
◎尺　寸　高10厘米

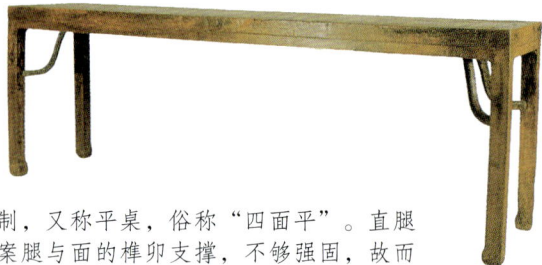

❁ 明·楠木霸王枨条案
※鉴赏要点　此案楠木制，又称平桌，俗称"四面平"。直腿内翻马蹄，其结构依赖案腿与面的榫卯支撑，不够强固，故而加霸王枨，使其稳固，从视觉上给人以简约的设计风格。

❀ 清初·黄杨木影心小方桌

❀ 黄杨木（一）

❀ 黄杨木（二）

❀ 黄杨木（带皮）

❀ 楠木

❀ 金丝楠

❀ 针楠果

榉木和樟木

古典家具的材质

榉木，多见于南方，中国江苏、浙江产此木，北方无此木种，因而常称此木为"南榆"。榉木属榆科，落叶乔木，高数丈，树皮坚硬，灰褐色，有粗皱纹和小突起，其老木树皮似鳞片而剥落。叶互生，为广披针形或长卵形而尖。有锯齿，叶质稍薄。春日开淡黄色小花，单性，雌雄同株。花后结小果实，稍呈三角形。木材纹理直，材质坚致耐久。花纹美丽而有光泽，为珍贵木材，可供建筑及器物用材。据《中国树木分类学》载，榉木产于江浙者为大叶榉，别名"榉榆"或"大叶榆"。其老龄而木材带赤色者，特名为"血榉"。有的榉木有天然美丽的大花纹。色彩酷似花梨木。榉木之名。它虽算不上硬木类，但在明清两代传统家具中使用极广，至今仍有大量实物传世。这类榉木家具多为明式风格，其造型及制作手法与黄花梨等硬木基本相同。具有一定的艺术价值和历史价值。

樟木产中国豫章（今江西南昌）西南，处处山谷有之。木高丈余，小叶似楠而尖，背有黄毛、赤毛。四时不凋，夏开花结子。树皮黄褐色略暗灰，心材红褐色，边材灰褐色。木大者数抱，肌理细而错综有纹。切面光滑有光泽，油漆后色泽美丽，干燥后不易变形，耐久性强，胶接后性能良好，可以染色处理，宜于雕刻。其木气甚芬烈，可驱避蚊虫。多用于制作家具表面装饰材料和制作箱、匣、柜子等存贮用具。

❧ 榉木

❧ 樟木

❧ 清中期·榉木玫瑰椅（一对）

❀ **明·榉木绿石插屏**

◎尺　　寸　　60厘米×28厘米×77厘米

※**鉴赏要点**　屏风边座用榉木制成。泥鳅背式边框，大边与抹头相交的部位，全部使用格肩榫。屏心的绿石纹理，显示了山峦起伏的壮观景象。屏心下绦环板作梭子形开光，其中雕有灵芝、山石、兰草纹等。屏扇下为券形的披水牙。屏座不用屏柱，而是以前后的站牙，抵住屏扇，使之牢固。

❀ **民国·榉木四屉书桌（明式）**

◎尺　　寸　　164.5厘米×60厘米×82厘米

※**鉴赏要点**　书桌用榉木制成。桌面光素，冰盘沿边。四腿外圆内方，腿间有横帐，以三个矮佬界出四格，装抽屉四具。抽屉脸上安装铜制拉手。矮佬与帐作混面，俗称"泥鳅背"。帐下有云头的托角牙子。此桌也称四连桌。

榆木

古典家具的材质

榆木属落叶乔木，喜生寒地，分布在中国华北及东北广大地区。树高者达十丈，皮色深褐有扁平之裂目，常为鳞状而剥脱。叶椭圆形，缘有锐锯齿，厚而硬，甚粗糙。三、四月间开细花，多数攒簇，色淡而带紫。果实扁圆，有膜质之翅。谓之榆荚，亦云榆钱。可食，其木纹理直，结构粗。材质略坚重，适宜用于制作各式家具。凡榆木家具均在北方制作和流行。

❀ 清早期·榆木石面酒桌

◎尺　　寸　92厘米×61厘米×87厘米

※鉴赏要点　此桌为石面，冰盘沿，下配起线牙条，腿部横枨皆打洼起线。保存完好。

❀ 清·榆木雕龙官帽椅、八仙桌（一套）

※鉴赏要点　此对官帽椅榆木质地。背板分三段，上雕圆形开光龙纹，中段雕方形开光龙纹，下搜拐子花亮脚。搭脑、扶手作挖烟袋锅式榫，扶手有明显向外的曲线，中间配以鼠尾式联邦棍。椅盘下配卷草纹壶门口，步步高脚枨。另配一腿三牙方桌一张，牙板起线，罗锅枨顶牙条，唯罗锅枨四个曲点处带工，与其他者略见不同。四腿八叉使整张桌子显得稳重大方。

❀ 清中期·榆木开光罗汉床
◎尺　　寸　　215厘米×128厘米×78厘米

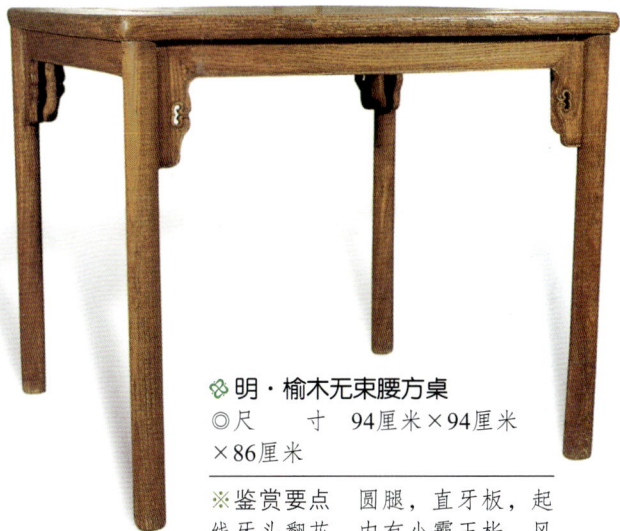

❀ 明·榆木长排椅
◎尺　　寸　　268厘米×53厘米×90厘米

※鉴赏要点　此长排椅榆木制，靠背透雕各式花纹，椅面直棂式，椅下部横枨上有六个矮佬，矮佬之间有透雕绦环板，横枨下有六个壶门圈口，透雕卷草纹角牙，直腿雕卷草纹。这种排椅又称坐椅，从唐代开始流行，此椅为晋作家具。

❀ 明·榆木无束腰方桌
◎尺　　寸　　94厘米×94厘米×86厘米

※鉴赏要点　圆腿，直牙板，起线牙头翻花，内有小霸王枨。风格简单、实用。

❖ 清中期·榆木平头画案
◎尺　　寸　207厘米×48厘米×88厘米

❖ 清晚期·榆木可升降式座灯（一对）
◎尺　　寸　33厘米×27厘米×138厘米

※鉴赏要点　站牙透雕，灯架攒格，灯杆为可开降式。原为烛台，现改为座灯，配以新灯罩。美观实用。

❖ 清早期·榆木书架
◎尺　　寸　113厘米×47厘米×214厘米

核桃木很容易与楠木混淆，但它的木材表面纹理较粗些，与楠木的橄榄褐色相比，核桃木色泽趋于金褐色或红褐色。中国有几种适合做优质家具的核桃木品种。华北和西北地区一般种植"真核桃树"。这是一种落叶乔木，可生长到20米高，结核桃，可食用。它的边材色浅，心材呈红褐色或栗褐色，有时甚至带紫色。核桃木干得很慢，但此后木性稳定。由于"真核桃树"一般是用来食其果而不是当做木材，所以"满洲核桃树"常被用来代替它。"满洲核桃树"在华北和东北都有，色泽较浅。

民间称不结果之核桃木为楸，为大戟科落叶乔木，叶大圆形或广卵形，嫩叶及叶柄皆呈赤色。夏日枝稍开穗状之黄绿色细花，花后结实，多软刺。楸木棕眼排列平淡无华，色暗质松软少光泽，木材细致，但其收缩性小，可做门芯桌面芯等用，并常与高丽木、核桃木搭配使用。楸木比核桃木重量轻，色深，质松，棕眼大而分散，是区别要点。

❀ 清早期·核桃木书架
◎尺　　寸　高173厘米

※鉴赏要点　此书架中间用立柱将其虚隔为两部分，左右皆分三层。上二层，皆以卷草心壶门券口下配横枨加攒心图案制，下一层只余卷草心壶门券口，两侧亦同，架下有素牙条。

❀ 清早期·核桃木圆腿平头条案
◎尺　　寸　201厘米×43厘米×88厘米

※鉴赏要点　案面攒边装板，冰盘沿圆包圆枨，加矮佬。其下有角牙相托。形制大方，气势磅礴。

❀ 清中期·核桃木拐子龙下卷
◎尺　寸　155厘米×44厘米×36厘米

※鉴赏要点　此件下卷较一般之下卷要更长且矮，应为炕上使用，典型北方工，风格粗犷，线条浑圆有力，但又一丝不苟，非常工整。正面牙板两侧起阳线雕拐子龙相对，中间雕寿字。另下卷两侧板雕阴线图案，与正面板牙起阳线工艺对称。使整件器物显得厚重中不失精巧，是一件不可多得的作品。

❀ 清中期·楸木描金夔凤纹多宝格
◎尺　寸　96厘米×32厘米×95.5厘米

※鉴赏要点　多宝格齐头立方式。正面及两侧透敞，正面开大小相错孔洞，描金折枝花纹边框，镶夔龙纹、云纹坐牙或托角牙。格右上角有对开两扇门，开光描金绘夔凤纹。门下及格底部抽屉屉面镂空，饰团螭纹卡子花拉手。格底有攒框式落曲齿枨。

❀ 清·核桃木扶手椅（四件）
◎尺　寸　尺寸不一

※鉴赏要点　扶手椅背板圆形开光，雕龙纹，搭脑下两边各有一牙头相托，挖烟袋锅式榫，座面藤席年久已不存，现换上新藤。椅盘下为壶门式券口，步步高脚枨。四把一堂，保存完好，实为不易。

柏木是中国分布最广的树种之一，柏木材质坚韧细密，纹理美观，芳香四溢，耐腐耐久，是建筑、造船和家具的良材。柏木有多种，以黄柏为上，其他次之。黄柏色泽温润，木质细腻，抚之如幼童肌肤，做成家具别有风韵。柏木疖子较多，以早先观念论，是缺陷，故有些柏木上漆，以饰缺陷。而近些年观念发生了变化，崇尚自然，柏木家具以疖子多为美，满身是疖反而难得。疖子大小不一，布局随意自然，于人工所不能企及，正是柏木家具备受人崇的原因。

❀ **清早期·柏木曲线大柜**

◎尺　寸　110厘米×64厘米×200厘米

※鉴赏要点　圆角柜形制，唯板面特别。门分五段，各用横枨分隔，中间作一木曲线工，甚为特别，现代感十足。

❀ **明·柏木面条柜**

图书在版编目（CIP）数据

古典家具收藏知识百科 / 胡德生，宋永吉著.—北京：文化艺术出版社，
2011.9

ISBN 978-7-5054-1618-4

Ⅰ.①古…　Ⅱ.①胡…②宋…Ⅲ.①古典家具收藏知识百科

Ⅳ.①TS666.202

中国版本图书馆CIP数据核字（2011）第036294号

G 古典家具收藏知识百科

Gu dian jia ju

编　　著：胡德生　宋永吉

出　　版：中国文化艺术出版社
印　　刷：北京鸿达印刷股份有限公司
开　　本：635×960mm 1/12
印　　张：22
字　　数：280千字
版　　次：2011年9月第1版
印　　次：2011年9月第1次印刷
定　　价：108.00元